Inhalt

Vorwort

Göttliche Boten auf der inneren Ebene sind dem Menschen auf seinem Evolutionsweg behilflich. Sie inspirieren uns, damit wir den rechten Pfad finden. Oft sind wir diesen Inspirationen gegenüber jedoch verschlossen. Dadurch, daß wir uns zu sehr auf die materielle Ebene konzentrieren und Hilfe von außen erwarten, sind die Türen nach innen verschlossen und die lichten Gedanken ziehen an uns vorüber. So müssen diese hilfreichen Wesen andere Wege finden, uns Erdenkinder zu erreichen. Sie suchen Menschen, die die Gabe haben, zwischen der inneren und der äußeren Welt zu vermitteln. Medien werden sie genannt, und es gab sie zu allen Zeiten. Ihr Entwicklungsweg ist lang, um diese besondere Gabe zu entfalten. Sie sind selbst auf dem Weg, erhalten ihre Inspirationen und dienen der inneren und äußeren Welt mit ihrer Gabe. Dankbar dürfen wir die Botschaften aus der inneren Ebene aufnehmen, und es liegt allein an uns, was wir aus dieser jenseitigen Hilfe machen.

Wenn sich ein kleiner Kreis von suchenden Menschen zusammenfindet, die ernsthaft bemüht sind, auf ihrem geistigen Weg voranzuschreiten, dann neigen sich die göttlichen Boten zu ihnen, um ihnen Hilfe und Hinweise zu geben. Es erfolgt dann eine systematische Schulung, solange die kleine Gruppe bereit ist voranzuschreiten.

„Bittet, so wird Euch gegeben,
klopfet an, so wird Euch aufgetan."

Die Tür schließt sich augenblicklich, wenn die Gaben nicht in rechter Weise ausgewertet werden. Die Botschafter Gottes stellen sich uns nicht als Unterhalter zur Verfügung, sondern haben allein unseren Fortschritt im Auge.

Dieses Buch veröffentlicht eine derartige Schulung aus dem Geist. Es bleibt dem Leser überlassen, ob er sich dieser Schulung anschließen will. Da uns als geistige Geschwister allerdings ein inneres Band verbindet, möchte ich dem Leser vorschlagen, das trennende „Sie" gegen das verbindende „Du" zu ersetzen. Wenn Du Dich als Leser dieses Buches für diesen Schulungsweg entschließt, dann solltest Du zuvor einiges beachten:

1. Betrachte diese Gaben aus der jenseitigen Welt als eine Kostbarkeit, und nimm sie dankbar an.

2. Wisse, daß Du, wenn Du Dich der Führung anvertraust, aus der inneren Welt, von der Quelle der Inspiration, Unterstützung empfängst.

3. Übungen, wenn sie Dich auf Deinem Weg voranbringen sollen, müssen regelmäßig durchgeführt werden.

4. Mit jeder Übung öffnest Du *Tore nach Innen,* auch wenn es Dir nicht bewußt wird. Darum gehe langsam, mit Bedacht und Sorgfalt ans Werk. Nimm nicht mehr auf, als Du in Deinem täglichen Leben umsetzen kannst. Du häufst sonst nur Gedankengut an, das Dich belastet oder öffnest Schleusen, deren Kräfte Du nicht handhaben kannst.

5. Jeder innere Fortschritt muß im Äußeren sichtbar werden. Gehe nicht nur für Dich voran, sondern hilf auch Deinen Mitmenschen, wo Du sie erreichen kannst. Dein Bestreben ist sonst nur egoistisch. Ein derartiges Bestreben wird von der inneren Seite nicht unterstützt.

Ich will Dich mit meinen Hinweisen nicht abhalten, den hier gewiesenen Weg zu beschreiten; ich möchte Dir nur helfen, damit Du Dir der inneren Unterstützung sicher sein kannst. Wenn Du Fragen hast oder für Dich Probleme auftreten und Du Dir der inneren Inspiration nicht sicher bist, stehe ich Dir gerne hilfreich zur Verfügung. Ich bin selbst diesen Weg gegangen, den Du Dich nun anschickst zu gehen.

Der geistige Lehrer dieser Schulungsreihe

Du hast als Leser und Studierender das Recht, etwas über die Inspirationsquelle dieser aufbauenden Schulung zu erfahren. Die erste Schulungsreihe hat „Urius" gegeben. Er hat uns viele Botschaften übermittelt, die in einem anderen Buch*)erschienen sind. Urius selbst ist ein Engelwesen. Er war nie inkarniert, sondern geht seinen Entwicklungsweg auf einer ganz anderen Ebene kosmischen Seins. Um seine Botschaften übermitteln zu können, hat er sein Medium in einem Vorleben als schützende Wesenheit begleitet. So hat er die Gefühls- und Gedankenwelt der Menschen kennengelernt und nun seine Botschaften darauf abgestimmt. Seine Hauptaufgabe, als Lehrer aus der jenseitigen Welt, hat er uns so erklärt: Er möchte den Menschen helfen, das Karma-Gesetz (das Gesetz von Ursache und Wirkung) verständlich zu machen, damit negatives Karma besser verstanden und abgebaut werden kann. Außerdem möchte er suchenden Menschen helfen, ihren Evolutionsweg sicherer und mit weniger Leid gehen zu können.

---

*) Die Öffnung nach Innen, Aquamarin Verlag, Grafing 1989

Die zweite und dritte Schulung ist von einem Meister der „Weißen Bruderschaft" (Geistigen Hierarchie) inspiriert worden. Er hat sich uns schlicht als Geistlehrer vorgestellt. Aus einer vorhandenen Gruppe hat er Teilnehmer ausgewählt, um sie besonders zu schulen. Die „Weiße Bruderschaft" ist eine Vereinigung von geistig fortgeschrittenen Seelen, die den Entwicklungsgrad eines Meisters der Weisheit erlangten. Sie haben sich die Aufgabe gestellt, der Menschheit auf ihrem Entwicklungsweg weiterzuhelfen. Sie geben Impulse für den nächsten Entwicklungsschritt, lenken die dafür erforderlichen Energien in das Zentrum der Menschheit und helfen uns so, unseren Weg zu finden.

Mehr kann über die beiden Inspiratoren dieser Schulungsreihe nicht gesagt werden. Sie stellen sich nie in den Vordergrund, sondern sind allein darauf bedacht, ihre selbstgewählte Aufgabe zu erfüllen. Wenn Du Dich, lieber Leser, von dieser Schulung angesprochen fühlst, dann sei Dir bewußt, daß die geistigen Lehrer Dir zur Seite stehen und Dich mit ihrer Liebe und Hilfsbereitschaft unterstützen.

Ich wünsche Dir Licht auf dem Pfad, verzage nicht, wenn es einmal schwierig wird, sondern sei Dir der inneren Unterstützung sicher.

Ich grüße Dich in geistiger Verbundenheit.

I.
Lehrbriefe
für geistig Strebende

1) Vom Schweigen

Dein inneres Wesen drängt Dich dazu, Dich einer intensiven geistigen Schulung zu unterziehen. Du erkennst, daß nur der Gang in die eigene Mitte Dir wahre innere und äußere Festigkeit bringen kann. So nimmst Du, wie viele vor Dir und mit Dir durch alle Jahrtausende, den schweren Weg auf Dich, um endlich Frieden zu gewinnen, um endlich einmal als müder Wanderer in des VATERS Haus zurückkehren zu können. Du befindest Dich jetzt noch in der Ferne. Einst bist Du aus des VATERS Haus hinausgestürmt, hast das Land der Täuschung und Versuchung durchmessen. Dein Wanderstab ist das kleine begrenzte „Ich", auf das Du Dich stützt, mit dem Du Dich identifizierst. Nichts ist mehr übrig von dem strahlenden Licht Deiner Göttlichkeit. Du meinst, das Licht bereits verloren zu haben. Ich sage Dir, daß Du in diesem wie in vielen Punkten irrst. Das strahlende Licht Deiner Göttlichkeit ist auch heute noch in Dir, es war immer in Dir und wird auch immer in Dir bleiben. Gerade dieses Licht ist es, das Dich die geistige Schulung aufnehmen läßt, das Dir Mut gibt, den ersten Schritt auf den Heimweg zu setzen. Bald wirst Du sogar erkennen, daß Du schon seit langer Zeit auf diesem Heimweg bist, Dir diese Tatsache jedoch erst jetzt bewußt wird, und Du nun mit ganzer Kraft ans Werk gehen kannst.

Einen Rat möchte ich Dir gleich am Anfang Deines bewußten Heimweges geben:

Schweige über das, was Du vorhast!

Wer nicht zu schweigen gelernt hat, vermindert die Kraft für sein Werk, ruft die gegensätzlichen Strömungen auf den Plan und setzt sich vielen Versuchungen aus. Du wirst noch oft genug die Ernsthaftigkeit Deines Entschlusses unter Beweis zu stellen haben, daß es nicht ratsam ist, weitere Türen der Versuchung zu öffnen. Erst wenn sich die Früchte Deiner harten Arbeit zu zeigen beginnen, wenn Deine Umwelt auf Deine innere Veränderung aufmerksam wird und zu fragen beginnt, dann rede. Gib jedoch von Deinem Wissen nur soviel, daß es auch vom anderen aufgenommen werden kann. Wähle weise Deine Worte und überfalle ihn nicht mit einem Redeschwall. Je weniger Worte Du zur Beantwortung der Dir gestellten Frage benötigst desto besser. Es ist auch in diesem Augenblick nicht erforderlich, sich ganz zu offenbaren. Wenn weitere Fragen gestellt werden, kannst Du mehr sagen; wenn Deine Beantwortung keine weiteren Fragen auslöst, so schweige. Rede erst dann wieder von Deinen Bemühungen, wenn man erneut an Dich herantritt.

Es ist eine Kunst zu schweigen, und diese solltest Du Dir gleich am Anfang erwerben. So sehr Du auch von Deiner Arbeit überzeugt sein magst, schweige. Beiße Dir lieber einmal mehr auf die Zunge, um Deine Beredsamkeit in die Schranken zu verweisen. Du kannst ohnehin nur denjenigen von dem Wert Deiner Arbeit überzeugen, der im stillen selbst schon ein Suchender ist. Selbstverständlich wird er Dir das nicht sagen, möglich, daß sogar er selbst es noch nicht weiß, aber Deine Worte werden dann in ihm einen Widerhall finden, und sie werden ihn zu erneuten Fragen anregen.

14

Spiele Dich nie als Weltverbesserer auf!

Die Welt verbessert nur der, der sich selbst verbessert hat und durch die damit verbundene Weisheit die rechten Mittel zur Verbesserung der Welt zu finden imstande ist. Wenn Du diese Hinweise nicht beachtest, so wirst Du auf Grund schmerzlicher Erfahrungen Dich eines Besseren belehren lassen müssen. Wenn Du alle Deine Freunde und Bekannten bestürmst, wenn Du anfängst, sie zu verurteilen, dann werden sie die ersten sein, die den Stein auf Dich werfen. Gutes tust Du ihnen nur, wenn Du durch Dein vorbildliches Leben ihre Aufmerksamkeit erweckst und sie so langsam von der Richtigkeit Deines Weges überzeugst. Solltest Du nun glauben, daß es Dir einst gelingen wird, alle Menschen Deiner Umgebung zu bekehren, dann muß ich Dir sagen, daß das überhaupt nicht möglich ist. Nur wer innerlich reif ist, diesen geistigen Weg konsequent zu gehen, wird sich überzeugen lassen. Wer noch die schmerzlichen Erfahrungen eines Lebens in der Äußerlichkeit für seinen Reifungsprozeß benötigt, darf nie bedrängt werden, sich anders auszurichten. Du nimmst ihm sonst wichtige Abschnitte seines Erfahrungsprozesses. Wer nichts für sich zurückbehalten kann, alles und jeden verbessern will, dient nur seiner Ich-Sucht und Eitelkeit und kann nicht von selbstlosem Dienst an den Mitmenschen sprechen.

Verarbeite erst, was Du empfangen hast, lebe das, was Du als wahr erkennst, aus, so hast Du mehr für Deine Umwelt getan, als wenn Du als Weltverbesserer auftrittst. Wenn Du Deine Mitmenschen wirklich liebst, so wirst Du sie nie zu etwas zwingen, was sie nicht aus innerem Verlangen begehren. Auch Du konntest Dich frei entscheiden, nur Dein inneres Licht war die Führung. Du bist darum verpflichtet, allen anderen ebenfalls die freie Entscheidung zuzubilligen.

Lerne zu reden, lerne zu schweigen,
aber stets am rechten Ort.

Dieser bekannte Spruch sei Dein Leitgedanke, besonders in der Anfangszeit Deines geistigen Gehens. Wenn Du morgens aufstehst, wenn Du das Morgengebet gesprochen hast, dann wiederhole mit voller Konzentration diesen Leitgedanken. Halte einige Sekunden inne, wiederhole ihn noch einmal und dann gehe an Dein Tagwerk.

Vergeude nicht Deine Kraft, sondern konzentriere sie,
damit das Werk im Stillen voranschreiten kann.

Denke einmal über den Sinn dieses Gedankens nach. Nur das in die Tat umgesetzte Wissen ist zu Deinem unauslöschbaren Eigentum geworden. Trachte darum nicht danach, nur Wissen zu erlangen, sondern sammle nur soviel, wie Du in die Tat umsetzen kannst. Alles weitere Wissen belastet Dich und lähmt Dein geistiges Gehen.

„Betet ohne Unterlaß.“

Sicher kennst Du diesen Ausspruch. Es versteht sich von selbst, daß damit nicht das Beten im üblich irdischen Sinn gemeint ist. Denn niemand kann ohne Unterlaß die Hände falten und beten. Das hätte für ihn und für jene, für die er betet, auch gar keinen Sinn. Du weißt nun, was im geistigen Bereich beim Beten geschieht. Viele glauben, mit dem täglichen Gebet die Pflichten eines Christen erfüllt zu haben.

Betrachten wir einmal das Wort „Gebet". In ihm steckt das Wort „geben", und damit kommen wir dem tieferen Sinn des Gebets näher. Es heißt, daß Du nicht nur Nehmender sein sollst, sondern in erster Linie Gebender zu sein hast. Im normalen Gebet bist Du der Empfangende. Du kannst jedoch nur dann ein gottgewolltes Leben führen, wenn Du ohne Unterlaß der Gebende bist. Gott empfängt nichts, da ER aus SEINER Vollkommenheit heraus an allem einen Überfluß hat, das heißt, wenn Du Dich zu IHM wendest, öffnest Du Dich für SEINE Fülle. Wieviel Du von dieser Fülle empfängst, hängt davon ab, wieviel Du weiterreichst. Du bist ein Kind Gottes und somit dazu berufen, Gott ähnlich zu werden. Das wird aber nur dann geschehen, wenn Du Dir der Fülle des VATERS, dessen Reich in Dir ist, voll bewußt wirst und aus dieser Fülle heraus handelst. Du bist fähig, Dein ganzes Leben zu einem einzigen Gebet zu machen.

Wie sehr sinnen die Menschen darauf, dies und das und jenes von Gott zu empfangen. Sie wünschen sich den Himmel auf Erden, sind aber nicht bereit, ihren Teil dazu beizutragen. Die Menschen sind oft ehrgeizig, wollen viel im irdischen Leben erreichen und sorgen sich nur um sich. Wenn sie die gleiche Sorge auch für ihre Nächsten aufwenden würden, brauchten sie mit ihrer Ehre nicht zu geizen, weil sie durch ein gottgewolltes Leben Gott ehren und damit selbst von IHM die Ehre empfangen, da Gottes Liebe und Gnade sich dann durch sie offenbaren kann. So möchte ich mit folgendem Bibelwort diese Ausführungen beschließen:

„Gebt, so wird Euch gegeben!"

2) Vom geistigen Weg

Der Weg ergibt sich aus folgenden Aspekten:
Du mußt erkennen, wo Du Dich im Augenblick geistig befindest. Errichte Dir dafür einen geistigen Spiegel, indem Du auf einem Blatt Papier auf der einen Seite alle Deine guten Eigenschaften aufschreibst und auf der anderen Seite Deine negativen. Diese Arbeit kann über einen ganzen Monat ausgeführt und sollte unter folgenden Leitgedanken gestellt werden:

„Mensch, erkenne Dich selbst!"

Du wirst im Laufe der Zeit immer wieder neue Aspekte erkennen. Wenn Du auf diese Weise einen Spiegel Deines augenblicklichen geistigen Standes erstellt hast, dann schreibe Dir ganz klar auf, wie Du gerne sein möchtest. Auch bei dieser Arbeit verfahre sehr sorgfältig. Du errichtest Dir damit ein Vorbild, dem Du dann Deine Wesenheit nachbilden kannst. Der Raum, der sich zwischen Deinem augenblicklichen Stand und Deinem Ziel befindet, ist der Weg, den Du zu gehen hast. Wenn Dir diese Arbeit des Aufstellens eines „Seelenspiegels" schwerfällt, können wir Dich dabei unterstützen. Beziehe bei der Zielsetzung wie bei der Augenblickssituation auch Dein Leben im Äußeren mit ein.
Es geht nun darum, den Weg, den man zurücklegen muß, klar zu erkennen, je klarer desto besser. Die Lehrbriefe geben Dir dann die Hinweise, wie Du Dein Wesen

dem Vorbild nachbilden, wie Du die Tugenden aufbauen und die Fehler überwinden kannst, um dadurch eine rechte Beziehung zu dir selbst, Deinem höheren Selbst, zu Deiner Umwelt und nicht zuletzt auch zu Gott zu erreichen. Im ersten Kapitel hast Du etwas über die Wahrheit und das Gebet erfahren; wenn Du die dargelegten Hinweise nach Deinem Vermögen verwirklicht hast, dann wirst Du auch bemerkt haben, daß sie eine Veränderung in Deinen Gefühlen, Gedanken und auch in Deinem Verhalten der Umwelt gegenüber mitgebracht haben.

Mit dem Aufstellen des „Seelenspiegels" hast Du bereits den ersten Schritt auf Deinem Weg vollbracht. Nun geht es darum, sich ganz vom Schatten, vom Irrtum abzuwenden, um sich damit ganz dem Licht preiszugeben. Die Steine, die sich auf Deinem Weg befinden, sind Deine Fehler, die Du zu überwinden hast. Diese Fehler können zum Teil so groß sein, daß sie einen richtigen Felsen auf Deinem Wege bilden. Er kann Dir die Sicht des weiteren Weges nehmen, er kann Dich glauben machen, daß der Weg nicht mehr weitergeht, daß Du in eine Sackgasse geraten bist. Hüte Dich davor, Dich diesem Irrtum hinzugeben. Der Weg führt immer weiter. Es wird jedoch so sein, daß Du den Felsen erst abbauen mußt, um Deinen Weg fortsetzen zu können. Das kostet Zeit und Mühe. Weiche diesem notwendigen Aufenthalt nicht aus, sondern gehe mit ganzer Kraft ans Werk, ohne Deinen Blick in die Ferne schweifen zu lassen, ohne Dich bei dieser Arbeit selbst zu bedauern. Du vergeudest damit nur Deine Kraft. Die kleineren Steine auf dem Weg kannst Du weise umgehen, das heißt, Du kannst Dein Bewußtsein von den kleineren Übeln leichter abwenden, indem Du Dich auf die entsprechenden positiven Eigenschaften konzentrierst. Willst Du jedoch für andere die Steine aus dem Weg räumen, dann löse sie mit der Kraft Deines Willens und Deiner Liebe auf. Es kann sonst geschehen, daß Deine Mitmenschen diese Steine gegen Dich verwenden. Sie können Dich dann noch im nachhinein verletzen und Dich daran erinnern, daß Du den Weg sauber zu hinterlassen hast. Besonders dann, wenn Du mit Deinen Fortschritten prahlst, werden andere die zurückgelassenen Steine gegen Dich verwenden. Es ist möglich, daß sie damit sogar eine Steinlawine in Dir auslösen, die Dich mit in die Tiefe reißt. Gehe darum langsam voran und arbeite sorgfältig. Du sicherst Deinen Fortschritt nicht damit, daß Du ihn schnell bewältigen willst.

Die Dornenbüsche, denen Du auf Deinem Weg begegnest, sind ein Sinnbild für die Versuchungen, durch welche Du am Weiterschreiten gehindert wirst. Sie sollen Dich lehren, das Notwendige, das Erforderliche oder Wesentliche vom Unwesentlichen zu trennen. Sie stehen am Rande Deines Weges, und wenn Du nicht achtsam bist, werden sie dich verletzen oder dich in ein unwegsames Gebiet führen. Wie willst Du dann aus dem Dickicht Deiner Verstrickungen herausfinden? Viele geistig Strebende halten sich zu sehr mit unwichtigen Dingen auf und verlieren so den Blick für das Wesentliche. Sie kommen vom schmalen Pfad ab und verlieren sich in der Kleinarbeit. Die Dornen verletzen Dich aber auch, wenn Du durch Worte anderer verletzbar bist. Versuche deshalb, Dir eine ruhige, über den Dingen stehende Haltung anzugewöhnen. Wer sich selbst nicht so wichtig nimmt und sich im Feuerofen der Wahrheit läutern läßt, der wird sicherer den Weg gehen können als derjenige, der bei jedem Angriff gleich zurückschlägt. Die Versuchung, sich den duftenden Rosen am Wegesrand zuzuwenden, sich bei ihnen aufzuhalten, haben schon manch einen Wanderer sein Ziel vergessen lassen. Dein Leitstern auf dem Wege sei die Sonne des Geistes am strahlenden Himmelszelt Deiner Sehnsucht. Wenn Du ihr immer wieder die größte Aufmerksamkeit schenkst, dann wirst Du nicht länger am Wegesrand verweilen. Du erkennst dann, daß die Sonne die Spenderin des Lebens ist und Du erst Ruhe finden wirst, wenn Du das Ziel erreicht hast.

Hüte Dich vor allem auch vor den Giftschlangen Deiner Süchte und Begierden, die das Blut Deines feurigen Willens vergiften und Dich auf halbem Wege zu vernichten suchen. Sie treten immer dann aus dem Dickicht Deiner Gefühle hervor, wenn Du Dich allzu sicher fühlst. Dann kreuzen sie Deinen Weg und wehe, wenn Dein Auge nicht auf das Wesentliche ausgerichtet ist. Oft spürst Du kaum ihren giftigen Biß, doch wenn Du die ersten Anzeichen der Wirkung wahrnimmst, dann ist es oft zu spät, das rechte Mittel einzusetzen. Wenn Du jedoch diese ersten Anzeichen der Vergiftung nicht wahrnimmst, weil Du Dich in der Scheinsonne der Selbstherrlichkeit sonnst, dann ist oft jede Rettung zu spät. Das rechte Mittel, dieses Gift zu neutralisieren, mußt Du vorher schon auf Deine Wanderung mitgenommen haben. Das Mittel heißt:

„Stelle Gott in den Mittelpunkt Deines Lebens!"

Wenn Du Dich auf dieses Mittel immer wieder besinnst, wird Dein Fuß sicher auf dem rechten Wege wandeln können.

Was tust Du, wenn Du an einen Abgrund gelangst, oder wenn ein Fluß, ein See Deinem Weiterschreiten ein Ende setzt? Sicher wird sich daran nichts ändern, wenn Du Deinen Aufenthalt bedauerst, oder wenn Du dem Umstand die Schuld für die Unterbrechung Deines Weges gibst. Du hast Dir diesen Weg erwählt. Zwar konntest Du die Stationen dieses Weges nicht voraussehen, doch Du änderst jetzt nichts, wenn Du Dich in Deiner Lage selbst bedauerst. Nimm die sich bietende Gelegenheit, um Einkehr in Dir selbst zu halten. Sieh, daß das Notwendige getan werden muß, ob es Dir gefällt oder nicht. Bevor Du nach einem Ausweg suchst, sinne über die tiefere Bedeutung Deines Aufenthaltes nach: Warum stehst Du vor einem Abgrund, was bedeutet er für Dich, was hat Dir der Fluß und was hat Dir der See zu sagen? Horche auf die Stimme, die aus dem Schicksal zu Dir spricht, kannst Du sie deuten? Ein Abgrund ohne Brücke, die hinüberführt, ist jene große Prüfung, die aus dem Reich der Materie kommt und die erst bestanden werden muß, willst Du das Land innerer Festigkeit erreichen. Der See, der sich vor Deinen Füßen ausbreitet, ist das unruhige Gewässer Deiner Gefühle. Bringst Du das Wasser zur Ruhe, findest Du das Schiff der reinen Liebe und kannst Du das Ruder der Weisheit regieren, dann wird der sichere Hafen, den Du ansteuerst, Dein sein. Erhebt sich jedoch bei der Überfahrt das Wasser aufs neue, schlagen die Wellen der Gefühle über, dann läuft das Boot voll, sinkt und kann Dich in Deiner ungezügelten Gefühlsnatur ertrinken lassen.

Kommst Du auf Deinem Wege an einen Bach, an einen Fluß, ist das dahinfließende Wasser der Gedanken nicht gebändigt, wie willst Du dann über den schmalen und zum Einsturz neigenden Steg hinübergehen können? Bändige durch die Kraft Deines Willens die dahinbrausenden Gedanken. Läutere sie im Lichte der Reinheit und Weisheit, dann wird aus dem reißenden Gebirgsbach ein ruhig dahinfließender Fluß. Der Steg festigt sich unter den Füßen Deines Willens und wird auch den Dir Nachfolgenden einen sicheren Übergang ermöglichen. Gelingt Dir das Werk nicht, dann bricht der Steg unter dem Leichtsinn Deines Verhaltens ein, und Deine ungezügelten Gedanken treiben Dich in die offene See der Auswegslosigkeit.

Kommen wir nun zurück zum Abgrund der materiellen Begierde, der sich Dir möglicherweise zuerst in den Weg stellt. Du mußt nun die Brücke suchen, die Dich sicher über diesen Abgrund führt. Wie kannst Du diese Brücke finden? Du findest sie in der Tugend der Bedürfnislosigkeit. Wenn Du am Anfang Deines Weges noch viele materielle Wünsche mitgenommen hast, so mußt Du jetzt erkennen, daß Dich mit schwerer Last keine Brücke trägt, daß bei der Suche nach dieser Brücke die materiellen Wünsche Dich zunehmend belasten. Zuerst widerwillig, später einsichtsvoll und zuletzt freudig, wirst Du allem entsagen, das Dich am Weiterschreiten hindert. Unter dem Druck der Wünsche, die nach Erfüllung drängen, wirst Du Dir die Tugend der Bedürfnislosigkeit erwerben. Darum klage nicht, wenn das Schicksal Dir Einhalt gebietet, wenn der Druck von außen zu stark wird, Du hast den Wünschen selbst freien Lauf gelassen, heute erntest Du nur die Frucht Deines zügellosen Wollens.

Wenn Du nach vielem Mühen und Suchen endlich den Abgrund überquert hast, dann wirst Du freier Deinen Weg fortsetzen können. Gib jedoch dem inneren Drängen nicht nach, Dich auf Deinen Lorbeeren auszuruhen, Dich in der Sonne Deines Erfolgs zu sonnen, denn damit vergeudest Du kostbare Zeit. Was Du fürs erste überwunden hast, kann sich morgen erneut und in anderer Form in Deinen Weg stellen. Sei darum achtsam bei jedem Schritt! Viele

Wege kreuzen den Deinen, hüte Dich vor den Abweichungen. Andere Wege können anderes als Ziel haben, und wenn Du ihnen folgst, kommst Du von Deinem eigentlichen Wege ab. Laß Dich nicht von den Blumen und Früchten, die in der Ferne leuchten, auf einen anderen Weg leiten. Alle Früchte, die Du für das weitere Gehen benötigst, erhältst Du zu rechter Zeit auch auf Deinem Weg. Viele Blumen und Früchte brauchst Du gar nicht, sie blähen nur Deinen Stolz und Deine Eitelkeit auf, und mit aufgeblähtem Körper läßt sich die Wanderung schlecht zu einem guten Abschluß bringen. Achte darum auf die Wegweiser, die auf Kreuzungen zu finden sind. Jedes Schild wird seinen Weg als den rechten anzeigen, nur darfst Du dabei nicht vergessen, darauf zu achten, welches Ziel sie aufweisen, in welche Richtung sie zeigen. Nur wenn auf dem Schild die Wahrheit als Ziel steht, darfst Du dem Wegweiser folgen, der in die entsprechende Richtung zeigt. Wenn Du aber ganz sicher gehen und Täuschungen vermeiden willst, dann schaue immer wieder auch auf den Himmel Deiner Sehnsucht, denn nur die Sonne des Geistes ist frei von Täuschung. Ihr darfst Du Dich ganz anvertrauen. Viele Wegweiser täuschen den Wanderer, um ihn auf ihren Weg zu locken. Sie reden viel, um den anderen zu überzeugen, ja sie drängen sich sogar auf. Hüte Dich vor ihnen; jene, die mit lauter Stimme und vielen Versprechungen den Weg verkünden, haben auch viel zu verbergen. Die Wahrheit steht stumm am Wegesrand, sie spricht nur, wenn man sie nach dem rechten Weg fragt, und überläßt es dann dem Wanderer, dem Hinweis zu folgen. Sie bietet keine Schale mit Früchten an, verlangt keinen blinden Gehorsam, sie bietet nur sich selbst an, weiter nichts. Wenn Du dennoch ihrem Wege folgst, erntest Du mehr, als alle anderen Wege zusammen Dir bieten können. Die anderen Wegweiser erklären Dir, wie Du mit einfachen Mitteln schnell viel erreichen kannst: das kann die Wahrheit Dir nicht versprechen, denn sie weiß, daß ihr Weg beschwerlich ist und das Ziel in weiter Ferne liegt.

Oft gerätst Du auch bei Deiner Wanderung in den Nebel der Täuschung, der Selbsttäuschung. Dann kann es Dir geschehen, daß Du nichts mehr siehst, daß selbst die Steine auf Deinem Wege im dichten Nebel verschwinden. Du wirst Dich dann oft an ihnen stoßen, Dich vielleicht auch verletzen. Trauere nicht darüber, sondern versuche, durch den Nebel hindurch das Licht der Sonne zu sehen. Es kann sein, daß Du für kurze Zeit Deine Wanderung unterbrechen mußt, um Dich wieder auf das klare Licht des Geistes auszurichten. Doch der Unbilden kommen noch mehr auf Deinem Wege. Du hast auch mit Regen, Sturm, Hagel und Glatteis zu rechnen. Der Regen ist eine notwendige Reinigung und Läuterung für Dich, nimm ihn bereitwillig an, denn hinter jedem Regen folgt ein Sonnenstrahl. Der Sturm in Deiner Umgebung kann Deinen Schritt beflügeln oder aber hemmen, je nachdem, wie Du Dich ihm stellst. Der Hagel jedoch bildet jene verletzenden Schicksalsschläge, die einem früheren Versagen entspringen. Weiche auch ihnen nicht aus, sondern bezahle die Rechnung Deiner Schuld, damit die Hagelberge Dich nicht am Weiterschreiten hindern. Beklage Deine Lage nicht, denn Du hast sie einst selbst verursacht. Wer anderen die Schuld übertragen will, beweist damit nur sein mangelhaftes Verstehen göttlicher Gerechtigkeit.

Wenn Du alle Schwierigkeiten zu meistern gelernt hast, wenn Du hier und dort Erfolge verbuchen, wenn Du die Wegstrecke überblicken kannst, die Du hinter Dich ge-

bracht hast, dann kommst Du auf das Glatteis der Selbstherrlichkeit. Wie oft hat sich der Wanderer auf diesem Glatteis schon ein Bein gebrochen oder gar das Genick. Hüte
Dich, oh Wanderer, allzu leichtsinnig auf das Eis zu gehen,
besser noch, umgehe diese gefährliche Wegstrecke in einem großen Bogen, bescheide Dich lieber mit dem Kleinen, gehe lieber einen Umweg, denn er wird Dich am
Ende schneller und sicherer ans Ziel bringen. Selbstherrlichkeit bringt immer Leid mit sich und läßt oft Nachfol-
gende noch zu Fall kommen.

Endlich, nach langem, beschwerlichem Wandern mit
vielen Hindernissen und Umwegen, erreicht der Wanderer
sein Ziel: er betritt das Land der ewigen Sonne, der Liebe
und des Friedens. Hier darf er sich nach langer Wanderung
getrost niederlassen, hier darf er ausruhen und die sonnen-
gereiften Früchte seiner Beharrlichkeit und Zielstrebigkeit
genießen. Er darf zurückblicken auf den Weg, den er bewältigt hat. Er sieht noch seine Bemühungen auf diesem
Weg, und er sieht zugleich auch jene, die ihm folgen, die
auf dem gleichen Weg wandeln. Jetzt packt ihn tiefes Mit-
leid mit jenen, die da straucheln, die im Wasser zu versin-
ken drohen, die vom Strom mitgerissen werden oder in
den Abgrund der Materie zu stürzen drohen. Er hat keine
Ruhe mehr, es treibt ihn hinaus, zurück auf den Weg, den
er gerade bewältigt hat, um jenen beizustehen, die sich in
gleicher Not befinden, wie er sie einst durchgemacht hat,
und er zieht den Weg des Lebens entlang und reicht allen
seine hilfreiche Hand; durch ihn können nun viele sicherer
den Weg gehen. Er selbst steht jedoch über allen Gefahren,
weil er sie einst überwunden hatte. Das sind die leuchten-
den Seelen, die als hilfreiche Wesen jedem ernsthaft Strebenden zur Seite stehen. Daß auch wir einst fähig werden,

dieses Opfer zu bringen: herauszutreten aus dem Land der ewigen Sonne, um allen unseren Mitmenschen zu helfen, das sei unser erhabenstes Gebet im rechten Augenblick.

3) Vom Helfen

Wie man sich schwierigen Menschen gegenüber verhält

Hast Du auch Menschen in Deiner Umgebung, die Dir das Leben schwermachen, oder besser gesagt, von denen Du Dir das Leben schwermachen läßt? Das sind jene Menschen, um die man gerne einen großen Bogen schlägt. Was aber tun, wenn sie in der unmittelbaren Umgebung wohnen, im gleichen Haus oder sogar zu den eigenen Verwandten oder direkten Familienmitgliedern gehören? Man kann ihnen nicht so ohne weiteres ausweichen, sondern muß lernen, mit ihnen zu leben. Die Schwierigkeiten mit diesen Menschen können sehr unterschiedlich sein, und danach richtet sich in erster Linie auch das eigene Verhalten ihnen gegenüber. Wenn sie krank, gebrechlich und alt sind, sollte man sich so verhalten, wie man sich einem kranken Menschen gegenüber verhält: hilfsbereit, rücksichtsvoll, mit einem Herz voll mitfühlender Zuneigung. Was der kranke Mensch heute durchmacht, kann morgen Dein Schicksal sein. Darum versetze Dich einmal in die Lage dieses Menschen, versuche einmal mit seinem Herzen zu fühlen. Oft steckt hinter dem körperlichen Leid ein viel größeres inneres Leid. Lausche einmal der Stimme der Seele, die nach Hilfe ruft. Wenn auch die Schale oft hart ist, so steckt doch in jedem Menschen ein göttlicher Funke; und wenn Du Dich beständig an der Schale stößt, so versuche doch, das Göttliche dahinter anzusprechen. Oft genügt ein freundliches Wort, eine hilfreiche Hand oder auch nur ein Lächeln, und die Schale löst sich wie von allein auf.

Wer einen Menschen liebevoll anlächelt, wird in dem Augenblick kaum ein böses Wort erhalten.

Die Macht des Lächelns ist groß, übe sie, und Du gewinnst Freunde. Du kannst damit sogar Feinde Dir zu Freunden machen. Nicht umsonst hat Christus gesagt: „Liebet Eure Feinde!" Viele alte und kranke Menschen sind einsam, fühlen sich verlassen, nutzlos, und das ist oft der Grund, warum sich ihre Schalen verhärten. Wer diese Schalen erweichen kann, hat ein großes Werk vollbracht. Er hat aus einsamen Menschen, die keinen Sinn mehr in ihrem Leben sehen, sinnerfüllte Freunde gemacht. Er hat eine Brücke geschlagen von der älteren Generation zur jüngeren. Suche Dir darum einen älteren und kranken Menschen, und gib ihm wieder einen Lebenssinn. Kein Mensch ist zu alt oder zu krank, daß er nicht noch etwas Positives leisten könnte. Keine Generation ist schlechter in ihrer Art, sondern jede trägt gute und schlechte Keime in sich. Wenn Du selbst zu der älteren Generation zählst, so suche Dir einen jungen oder jüngeren Menschen, und knüpfe ein Band der Freundschaft zu ihm. Du sagst, Du findest keinen entsprechenden Menschen; ich sage Dir, es leben so viele in Deiner Umgebung, daß Du nur ein wachsames Auge benötigst. Schule es aus diesem Grunde, denn es gibt immer Mittel, Schranken zu überwinden. Vielleicht glaubst Du, aus den Erfahrungen Deines langen Lebens reifer und weiser zu sein als die jüngeren Menschen. Ich rate Dir darum, stelle Deine Reife und Weisheit einmal unter Beweis. Hast Du Verständnis für die Sorgen und Nöte anderer? Kannst

Du aus Rücksicht auf Harmonie und Frieden auf Dein Recht verzichten? Du sagst, Du kannst es, dann mußt Du auch eine gute Beziehung zu allen Menschen haben. Ist das nicht der Fall, dann überprüfe Dein Werturteil noch einmal. Nicht die Lebensjahre machen Dich weise, sondern die aus den Schicksalsabläufen gezogenen und verwirklichten rechten Erfahrungen. Dein Vermögen, das Wesentliche vom Unwesentlichen unterscheiden zu können, Deine Fähigkeit, andere Menschen ihr Leben so leben zu lassen, wie sie es wollen: Diese Eigenschaften zeugen von Weisheit. Viele junge Menschen können, wenn sie diese Fähigkeit besitzen, weiser sein als ein älterer Mensch, der aus seinen Erfahrungen nicht das rechte gelernt hat. Hüte Dich darum, ob Du jung oder alt bist, andere Menschen zu verurteilen. Dein Urteil würde Dich nur zu einem Unwissenden stempeln.

Wenn Du jung an Jahren bist, so setze Deine jugendliche Kraft dafür ein, den älteren Menschen zu helfen. Wenn Du Hilfe erwartest, mußt Du zuvor bereit sein zu helfen: Christus drückte dieses Lebensgesetz mit den Worten aus: „Gebt, so wird Euch gegeben!" Du bist vielleicht sogar der Ansicht, daß Du keine Hilfe benötigst. Ich sage Dir, daß das nicht stimmt. Du mußt Deinen Körper ernähren und kleiden, Du mußt wohnen und brauchst Liebe als Nahrung für Deine Seele, und trotzdem behaupten viele Menschen, daß sie keine Hilfe benötigen. Was machen sie aber, wenn sie selbst alt und krank sind? Dann ernten sie als Hilfe, was sie zuvor gesät haben. Es ist gut, wenn der Mensch nach Bedürfnislosigkeit strebt; wenn er aber glaubt, daß er alles, was er dann noch benötigt, von anderen geschenkt bekommen muß, dann betrügt er sich selbst und seine Mitmenschen, und die Rechnung wird ihm dereinst vorgelegt. So versuche ein rechtes Verhältnis zu allem Materiellen zu entwickeln.

Wir haben bisher das Problem der verschiedenen Generationen beleuchtet und wollen uns jetzt jenen Menschen zuwenden, die uns so oft das Leben sauer machen, jenen Menschen, die mit sich und der Welt nicht zufrieden sind, die anderen die Schuld für ihre bedauernswerte Lage zuschieben.

Diesen Menschen mußt Du mit einer ruhigen und festen Haltung begegnen. Sei liebevoll, doch versuche ein klärendes Gespräch herbeizuführen. Wird dieses abgelehnt, dann halte Dich in Deinen Äußerungen zurück. Du hast nicht das Recht, anderen Menschen Deine Ansicht aufzudrängen. Wenn Du erkennst, daß Du ihnen nicht helfen kannst, dann belasse sie in ihrer Lage. Vielen Menschen fällt es schwer, die Hilfe anderer anzunehmen. Sie empfinden dabei immer ein Schuldgefühl. Du solltest dann durch Deine innere liebevolle Haltung die Lage etwas zu entspannen suchen. Wenn Du selbst angegriffen wirst, dann gibt es zwei Möglichkeiten für Dich:

1. Du kannst versuchen, die Sachlage zu klären, ohne Dich dabei verteidigen zu wollen, sondern nur um der Wahrheit zu dienen. Es ist wichtig, daß Du das beachtest.
2. Du kannst Dich schweigend zurückziehen. Verteidige Dich nie! Versuche nur die Wahrheit zu offenbaren. Will man diese nicht annehmen, dann schweige. Sei freundlich, ohne den anderen zu provozieren.

Es ist nicht sinnvoll, dem anderen etwas erklären zu wollen, wenn Du vorher schon erkennen kannst, daß er nicht oder kaum imstande ist, es anzunehmen. Du bist nicht berechtigt, von Dir aus Disharmonien auszulösen. Wenn sie Dir entgegengetragen werden, dann versuche sie mit göttlichem Verstehen zu lösen. Es besteht leider eine falsche Ansicht unter vielen Christen: Sie glauben, sich als Christ alles gefallen lassen zu müssen. Das ist falsch verstandene Demut. Ein Christ darf jedoch nie gegensätzliche Mittel anwenden, um Disharmonien zu lösen. Negatives löst man nur mit Liebe und Verstehen. Wenn Du den schwierigen Menschen nicht ausweichen kannst, dann nimm sie als Prüfstein an, Deine Demut zu schulen, Deine Liebe und Dein göttliches Verstehen. Sieh, alle Menschen, die Gift und Unfrieden um sich verbreiten, sind doch ganz arm und krank, ohne inneren Halt. Bitte zu Gott, daß ER ihnen helfen möge, SEINE Liebe aufzunehmen und auszustrahlen. Löse Du Dich innerlich von den Schwierigkeiten, die sie Dir bereiten, sonst kann es sein, daß sie Dich einst am Weiterschreiten hindern. Wie kannst Du ihnen und anderen helfen, wenn Du Dich an sie bindest? Du mußt frei stehen, ohne Groll und Haß, denn göttliche Liebe und Haß können nicht gleichzeitig in Deinem Herzen wohnen.

Die Macht des Wortes

Es ist sehr wichtig, das Wort bewußt auszusprechen. Ist es doch die Brücke vom Gedanken über das Gefühl zur Tat, jenes Bindeglied, welches dem Gedanken zur endgültigen Materialisation verhilft.

So halte das Wort heilig. Sprich nur, wenn Du auch fähig bist, die Kraft zum Wohle des anderen hineinzulegen. Sage nur etwas, wenn auch Dein Herz etwas zu sagen hat. Du mußt bei jedem Wort, das Du aussprichst, eine positive Regung im anderen wachrufen.

Übrigens, man kann auch ohne Worte sprechen: es ist die Sprache von Herz zu Herz. Und denke immer daran: Menschen, die viel sprechen, haben oft nur wenig zu sagen. Kluge reden viel, Weise wenig, und Gott brauchte nur zwei Worte, um das ganze Universum zu erschaffen: „Es werde!"

Wie man Fehler überwindet

Jeder, der ernsthaft bemüht ist, auf dem geistigen Wege voranzukommen, sieht sich einer Unzahl von Schwierigkeiten gegenüber. Da sind die vielen Fehler und Untugenden, die seiner niederen Natur anhaften, und durch das Sich-Treibenlassen konnten sie zu starken Aspekten seiner Persönlichkeit werden. Nun aber, da sich der Mensch auf etwas Höheres als die Materie ausrichtet, dürfen sie keinen Einlaß mehr in das Leben des Menschen finden. Was aber tun?

Die Untugenden haben die Gefühle des Menschen mit ihrer Niedrigkeit durchtränkt und sich so offene Türen geschaffen: die niederen Gewohnheiten. Er gibt dem geringeren Widerstand nach und schwächt damit seinen Willen. Wenn Du aber den geistigen Weg beschreiten willst, brauchst Du einen starken, durch innere und äußere Kämpfe gestählten Willen. Wer ihn nicht hat, wird es – wenigstens am Anfang – schwer haben, aus seinen niederen Gewohnheiten herauszutreten.

Wer sich nun entschließt, seine Untugenden abzulegen, macht meist einen entscheidenden Fehler: Er identifiziert

34

sich mit ihnen. Es ist aber falsch zu meinen, daß sie zu ihm gehören, denn von seiner wahren höheren Natur her ist der Mensch dazu bestimmt, göttlich zu sein. Anstatt das Niedere seines Wesens als ein Kleid anzusehen, das gereinigt werden muß, verwechselt er es mit seinem wahren Selbst. Es ist ein Urfehler, den die Menschen auf Erden begehen, daß sie den Schein der Materie als ihr wahres Selbst betrachten, den Körper mit dem Geist verwechseln, anstatt sich in erster Linie als Geistwesen zu sehen, das sie von ihrer wahren höheren Natur her sind, und den Körper als Kleid, das sie, nachdem es verbraucht ist, ausziehen, um ein neues, schöneres anzulegen.

Wer immer nur auf seine Fehler schaut, sich ständig mit ihnen beschäftigt, stärkt deren Willenskraft mittels der Gedanken und zieht gleichschwingende Kräfte an, mit denen die Lebenszeit der Fehler verlängert wird. Könnte sich ein Mensch voll mit seiner wahren göttlichen Natur identifizieren, würde er den entsprechenden Tugenden zu neuem, stärkerem Leben verhelfen und den Untugenden dadurch die Nahrung entziehen. Lebst Du zum Beispiel die Ungeduld aus, so ist es nicht ratsam, bei jeder Gelegenheit zu sagen: „Ich muß meine Ungeduld zähmen, ich darf nicht wieder aufbrausen." Wenn Du Dich so verhältst, dann wirst Du noch oft ungeduldig sein. Sprich den göttlichen Gegenpol in Dir an, indem Du sagst: „Ich habe viel Geduld. Da ich von meiner inneren Natur her göttlich bin, kann mich nichts aus der Ruhe bringen und nichts kann mich verletzen." Daß Du Dich göttlich fühlst, mag Dir vielleicht hochmütig erscheinen. Hat Christus nicht gesagt: Das Himmelreich ist inwendig in Euch! Wie kannst Du dann durch äußere materielle Dinge beeinflußt werden? Nur dann, wenn Du Dich mit Deiner niederen Natur identifizierst und damit nicht dem Göttlichen Ausdruck verleihst. Die Menschen leiden nur, weil sie sich als Kinder der Erde anstatt als Kinder des VATERS im Himmel fühlen. Leiden kann nur die äußere Schale, nicht das innere Selbst, und wenn Du leidest, lebst Du nur die Schale, nicht den Kern der Göttlichkeit aus. Alles, was der VATER in Vollkommenheit besitzt, besitzt auch Du. So durchstrahle all das Niedere mit Deinem Licht, welches Gottes Licht ist. Sieh auf die Vollkommenheit, die in Dir verborgen ist und von Dir ausgelebt werden soll. Dann fällt das Niedere von selbst von Dir ab.

Jeden Abend vor dem Einschlafen, wenn Du Dein Abendgebet zu Gott ausgestrahlt hast, dann versenke Dich tief in folgende Gedanken:

> Bei Gott finde ich
> ewige kosmische Ruhe und Harmonie.
> Ich bin eins mit Gott
> und trage demnach in mir
> die göttliche Ruhe und Harmonie.
> Meine innere Ruhe ist unantastbar,
> nichts kann mich aus dieser
> unendlichen Ruhe herausbringen.
> Ich bin eins mit Gott
> und befinde mich in seinem unendlichen Frieden.
> AMEN.

4) Vom freien Willen

Der begrenzte freie Wille des Menschen
(Wille und Energie)

Es wird viel über die Willensfreiheit gesprochen. Die einen meinen, daß der Mensch ganz seinem Schicksal ausgeliefert ist, und die anderen spüren, daß sie das Schicksal selbst in die Hand nehmen müssen. Der Wille ist ein Kraftzentrum im Menschen, welches an sich neutral ist. Bei jedem Willensimpuls werden Energien frei, mit denen die Gedanken verstärktes Leben erhalten. Ein Mensch mit schwachem Willen vermag nur wenig Energie hervorzubringen. Dagegen ist ein Mensch mit starkem Willen fähig, derart viel Energien freizumachen, daß seine Gedanken sich unter Umständen auf der Stelle materialisieren oder sich sofort bei anderen auswirken können, was bei genauer Betrachtung gleichbedeutend ist. Es kommt auf die Gesinnung an, ob der Wille sich für ihn und andere segenbringend oder zerstörend auswirkt. Man kann auch sagen, daß Menschen mit einem starken Willen einen plötzlichen Energiestoß hervorrufen können. Feinfühlige (Sensitive) können einen starken Willensimpuls als eine Energieballung (Energiewoge) spüren.

Nun ist aber die freiwerdende Energie bei jedem Menschen schicksalsmäßig begrenzt, das heißt: die Energie, die freiwerden kann, wirkt nur auf den Menschen selbst und seine Umgebung, im Höchstfall vermag sie jedoch auch in der Strahlkraft der Erde eine Veränderung hervorzurufen.

Der Wille (das Energiezentrum) bleibt so lange begrenzt in seiner Wirkung, bis der Mensch fähig geworden ist, seinen Willen mit den physischen und geistigen Gesetzen in Harmonie zu bringen.

Der Mensch ist vor allen äußeren Einflüssen, die nicht in seinem Schicksal verankert sind, geschützt, das heißt, die durch den Willen freiwerdende Energie wird auf die irdische Sphäre und meist auch auf seine nähere Umgebung begrenzt, da sie sonst kosmische Ausdehnung erfahren könnte. Nach einem geistigen Gesetz muß alles, was in Disharmonie gebracht wurde, vom Erzeuger wieder in Harmonie geschwungen werden. Wie man einem Kinde nur seinem Lebensalter entsprechende Verantwortung überträgt, so bekommt auch der Mensch nur die seiner geistigen Entwicklung entsprechende Wirkungsmöglichkeit. Es heißt ja, daß dem Menschen nur soviel gegeben wird, wie er zu tragen (zu verantworten) imstande ist. Es ist eine göttliche Gnade und das Gesetz dieser Sphäre, daß man über sie hinaus nicht zu wirken vermag. Man erhält nur soviel Kraft, wie man im Falle negativer Anwendung wiedergutmachen kann.

Bei hoch- und höchstentwickelten Wesen durchziehen deren Willensströmungen das ganze Universum. Die Verantwortung, die sie damit tragen, ist unvorstellbar. Ein Wesen von hoher Entwicklung fällt bei negativem Wirken sehr tief – aus dem eben erwähnten Grunde. Je mehr man erkennt, je größer das Wissen um die Gesetze ist, desto größer die Verantwortung, die man trägt, da automatisch auch die Willenskraft wächst und somit die Ausdehnung des Wirkungsbereiches. Die Disharmonien, die von Wesen mit hohem Wissen und hoher Entwicklung durch selbstsüchtiges Wirken erzeugt werden können, sind viel gewaltiger als bei einem Wesen mit schwachem Willen. Ein starker Wille ist gut und notwendig für den, der ohne Eigennutz wirkt und zum höchsten Ziele strebt. Er kann aber verhängnisvoll werden für den, der das Negative seiner Natur auslebt, egoistisch und herrschsüchtig ist und ein übertriebenes Geltungsbedürfnis besitzt.

Du siehst, wie wichtig die Begrenzung der Willensfreiheit ist. Man gibt einem Kind kein Dynamit in die Hände, das gebührt nur einem erfahrenen und der möglichen Folgen bewußten Menschen. Man erkennt überall die Liebe und Gnade Gottes. Darum sollen wir mit dem Schicksal nicht hadern, sondern versuchen, die Sprache des Schicksals zu verstehen.

5) Von der Demut

Die Menschen, die uns nicht zugetan sind, stellen unsere
größten Prüfsteine dar, an denen wir die noch vorhandenen Ecken und Kanten unserer in Entwicklung befindlichen Liebe abschleifen können. Wir sollten sie deshalb will-
kommen heißen und sie dankbar aus der Hand des Schicksals annehmen. Sie geben uns die Möglichkeit, unsere
Liebe zu einem feinen Instrument zu machen, auf dem die
Gegenwart Gottes ihr herrliches Lied spielen kann. Laß die
Saiten Deiner Liebe so fein und rein werden wie die Saiten
der Harfe. Die dunklen und hellen Töne werden sich dann
zu einem harmonischen Wechselspiel vereinen. Stimme jeden Mißklang um, damit Dein Liebeslied vor den Ohren
Gottes bestehen kann.

Sieh, Deine Feinde sind Deine Brüder und Schwestern,
die sich zur Zeit in einem krankhaften Zustand befinden. Sie
sind aber auch Spiegel, die Dir vorgehalten werden. Stößt
Du Dich an ihren Fehlern und Schwächen, so hast Du die
gleichen auch noch in Dir. Vielleicht glaubst Du, das eine
oder andere überwunden zu haben. Jetzt aber, wo ein anderer eine Schwäche besonders offenbart, regt sich in Dir etwas, das sich auf diese Schwäche ansprechen läßt. Das sind
Deine verborgenen, verdrängten Fehler, die Du überwunden glaubtest. Sie treten aus dem Nebel Deiner Täuschung
hervor, um Dich zu mahnen, nicht überheblich zu werden.

Merke Dir:

> Das, was Dich am anderen stört,
> trägst Du selbst keimhaft noch in Dir.

Wenn Du diesen Keim mit den Wurzeln herausreißt, dann werden die Fehler und Angriffe der anderen Dich nicht mehr stören, dann hast Du ein mitleidvolles Verstehen für sie und ein in Liebe gehülltes Gebet. Für kranke Menschen muß man Verständnis haben, für klare Spiegel, in denen man seine eigenen Fehler erkennt, ein Dankgebet. Wie könntest Du je das noch Verborgene in Dir erkennen, wenn Du nicht durch andere darauf hingewiesen würdest?

Danke Gott für jeden Menschen, der Dir zum Prüfstein wird. Wenn göttliches Verstehen Dein eigen ist, kannst Du Dich nicht mehr über die Fehler anderer aufhalten. Strahle darum Deine Liebe Deinen Feinden entgegen, Du erweichst ihr Herz, Du knüpfst ein Band der Liebe, mit denen alle negativen Gedanken, ob von Dir oder von anderen, ins Gute gewandelt werden. Gib dem anderen die Freiheit und binde Dich und ihn nicht durch Deine schlechten Gedanken ihm gegenüber. Suche nicht nach Vergeltung, sondern lege den Mantel des Mitleids und der verstehenden Liebe über alles Geschehene.

Wer nach Freiheit strebt,
darf nicht durch negative Gedanken,
Gefühle und Handlungen
sich an andere oder
andere an sich binden.

Du darfst Dich, wenn eine Verständigung auf der physischen Ebene nicht möglich ist, zurückziehen, solltest jedoch in Liebe seiner gedenken. Ist Dir das nicht möglich, so trage in Geduld und Demut Dein Los und bäume Dich nicht gegen Dein Schicksal auf. Wer Liebe empfangen will, muß Liebe geben, ohne Ansehen der Person.

Sich in Demut verteidigen

Viel wird in der christlichen Lehre von Demut gesprochen. Sie wird als eine göttliche Tugend angesehen. Doch um zu wahrer Demut zu gelangen, muß man sich zuvor darüber klar werden, was damit gemeint ist. Wie zeichnet sich ein Mensch aus, der ein demütiges Herz hat, der erfüllt ist von dieser erhabenen Schwingung?

Es kann die Frage gestellt werden: Muß sich ein Christ alles gefallen lassen?

Demütig zu sein heißt: Bei allem, was dem Menschen im Irdischen widerfährt, eine ausgeglichene, harmonische Haltung zu bewahren, nicht mit Gott zu hadern, noch dem anderen gegenüber eine feindliche Haltung einzunehmen.

Demütig zu sein heißt vor allem: Nicht Gleiches mit Gleichem zu vergelten!

Demütig ist der Mensch nicht, wenn er sich alles gefallen läßt. Er hat das Recht, sich mit geeigneten Mitteln zu verteidigen. Dabei ist aber zu beachten, daß man sich nicht gegensätzlicher Mittel bedient. Du hilfst dem anderen nicht, wenn Du alles über Dich ergehen läßt, nein, Du unterstützt ihn mit dieser Haltung sogar in seinem negativen Wirken und kannst dadurch selbst schuldig werden.

Wenn Du Dich nun gegen niedere Angriffe zur Wehr setzt, so achte stets darauf, daß in Dir keine Haßgefühle auftreten, sondern bemühe Dich, gerade dann in einer besonders harmonischen Liebesschwingung zu sein.

Haß kann man nur mit Liebe lösen!

Achte auch bei der Verteidigung darauf, daß es nicht um Deiner selbst willen geschieht, sondern um der Wahrheit und Gerechtigkeit willen. Wenn man Dich angreift, so darfst Du diesen Angriff nicht als einen Angriff auf Dein Innerstes ansehen, dieses muß stets unberührbar bleiben. Wenn Du Dir Deiner Göttlichkeit im Herzen bewußt bist, so darf nichts Negatives hineinfließen können.

Mag auch der Sturm im Äußeren toben,
Deine höhere Natur muß stets einen Ruhepol bilden.

Wie kannst Du Dich verteidigen, und wie weit darf ein Christ dabei gehen?

Wenn man Dich beleidigt, so kannst Du Dich bemühen, dem anderen seinen Irrtum klarzumachen. Du kannst ihm sagen, daß sein Verhalten nicht dem entspricht, was Du von ihm erwartest; wähle jedoch Deine Worte weise, so daß Du ihm keinen Anlaß gibst, beleidigt zu sein, und behalte stets einen ruhigen Ton bei. Je lauter man sich Dir gegenüber verhält, desto ruhiger mußt Du werden. Erkennst Du, daß Deine Vermittlungsversuche nichts nützen, so hast Du das Recht, Dich zurückzuziehen. Weiterhin auf seinem Recht zu beharren, wäre fehl am Platz. Wo Du Dich nicht zurückziehen kannst, wie es zum Beispiel in einer Ehe der Fall ist, solltest Du es demütig tragen, auch erdulden, denn dann handelt es sich um eine schicksal-hafte Verbindung. Es ist dann Deine Pflicht, immer wieder harmonisierend auf den Partner einzuwirken. Versuche, Dir die Kraft der Demut durch das Gebet aufzubauen.

6) Von der Aura

Es ist sehr wichtig, die Gedanken immer wieder unter Kontrolle zu halten. Wird doch jede Tat, ob gut oder schlecht, im Gedankenbereich geboren, von hier nimmt sie ihren Weg. Der einmal gehegte Gedanke drängt sich immer mehr ins Bewußtsein, durchquert als Schwingungs-Einheit (Energie-Einheit) das All und zieht, nach dem bereits erwähnten Gesetz, ähnliche Gedanken an. Auf dem gleichen Wege kommt dieser ausgesandte Gedanke – nun aber vielfach verstärkt – zum Aussender zurück, um dort schwingungsgeladen zur Tat zu drängen.

Jeder Gedanke hinterläßt seine Spuren in der Ausstrahlung (Aura) des Menschen. Zahllose Gedanken und Gefühle bilden zusammen einen Teil der Aura. Je nach der Art und Intensität, mit der die Gedanken und Gefühle ausgesandt wurden, ist sie hell und licht oder von dunkler Farbtönung durchzogen. Für hellsichtige Menschen ist die Aura sichtbar, und Wissende können in der Aura des Menschen lesen wie in einem aufgeschlagenen Buch, in welchem die Fehler und Tugenden, die Lebenskraft und Gesundheit des Menschen aufgezeichnet sind.

Wie jeder Mensch von einer Aura umgeben ist, welche die Form eines Eies hat, darum auch „aurisches Ei" genannt, so hat auch jedes Tier, jede Pflanze, jeder Gegenstand, aber auch jede Stadt, jedes Land, jeder Erdteil wie die gesamte Erde eine Aura. Sie setzt sich zusammen aus den Auren der Menschen und Formen, die auf ihr existieren. So kann man an der Aura auch den geistigen Entwicklungsstand des Menschen erkennen. Diejenigen, die eine besonders große und helle Aura haben, tragen viel dazu bei, die Aura ihrer Stadt und auch ihres Landes lichter zu machen. Menschen mit dunkler Ausstrahlung verdunkeln ihre Umgebung. Sieh, wie wichtig es ist, an sich zu arbeiten, alles Niedere umzuwandeln, damit man im wahren Sinne des Wortes ein Licht in seiner Umgebung wird. Du trägst dann dazu bei, sie lichter zu machen. Erkenne, wie wichtig es ist, darauf zu achten, daß jeder Gedanke, jedes Gefühl eine lichte Energie in sich trägt.

So wirkt die Aura des einen auf die Aura des anderen. Wo sich gleiche Schwingungen begegnen, entsteht Harmonie. Wo die Schwingungen der Auren unterschiedlich sind, gibt es Spannungen, die oft als Prüfstein wahrgenommen werden. Wenn dem anderen bewußt Gedanken der Liebe zugesandt werden, können die Berührungspunkte der beiden Auren harmonisch miteinander verschmelzen. Werden aber Haß und trennende Gefühle ausgesandt, so entstehen aus jenen Berührungspunkten Reibungsflächen, sie wirken trennend auf die Menschen, obwohl sie sich physisch doch so nahe sind. Je stärker die trennenden Gedanken oder Gefühle sind, desto mehr wirken sie sich im Physischen aus.

Die Aura der Erde wird wesentlich von ihren Bewohnern gestaltet, und die Ausstrahlung aller Planeten einschließlich der Sonne bilden die Aura unseres Sonnensystems. Gelangt nun die Erde stärker in den Einstrahlungsbereich anderer Planeten, so bedeutet das für viele Menschen, deren Geburtsstunde entsprechende positive oder disharmonische Einstrahlungen aufweist, eine Zeit der Beglückung oder Prüfung. Man kann diese Phasen aus den astrologischen Gegebenheiten ablesen. Jedoch kann jede hemmende Einstrahlung zur Reife verwandt werden, und aus der Prüfung wird dann ein Reifungsprozeß. Die Erde selbst in ihrer Gesamtentwicklung unterliegt kosmischen Einstrahlungen, die in ihren rhythmischen Phasen als „Zeitalter" bezeichnet werden.

Das gibt Dir einen Einblick in das kosmische Geschehen, aus dem sich die Schicksale der Menschen, Völker und Nationen ableiten lassen. Jeder wirkt als kleines Rad in den kosmischen Abläufen mit. Jeder trägt eine gewisse Verantwortung für das Ganze und ist als Einzelwesen Teil des ganzen Universums. Keiner kann sich, ohne Disharmonie zu erzeugen, von dem harmonischen Wechselspiel des Ganzen trennen. Das Schicksal wird dereinst seinen Tribut verlangen.

7) Von der Macht der Gedanken

Betrachten wir einmal besonders ihre Auswirkung im Bereich unserer Gedanken. Jeder Mensch besitzt einen Gedankenbereich, in dem seine Gedanken mittels dieser einen Kraft sich formen und von hier aus ihren Weg ins All antreten. Dieser Bereich ist nicht identisch mit dem physischen Gehirn, sondern es handelt sich um einen feinstofflichen Bereich, der den physischen Körper durchdringt und im physischen Gehirn seinen Mittler findet. Im Gedankenbereich findet sich formlose Materie, wie wir sie hier auf der Erde in unterschiedlicher Art vorfinden, nur feinstofflicher, das heißt in höherer Schwingungsfrequenz. Die Wissenschaft hat festgestellt, daß alle Materie nichts weiter ist als Energie, und diese Energie kann ganz unterschiedliche Schwingungsgrade aufweisen. Die Gedankenkraft oder –materie, so können wir sie auch bezeichnen, wird durch unsere Willenskraft in eine Form gebracht, das heißt, wenn wir denken, entsteht in unserem Gedankenbereich eine Form, dem Gedanken entsprechend. Das mag nicht leicht zu verstehen sein, jedoch kann jeder die Wirkungen der Gedanken an sich selbst erfahren. Die Gedankenform wird entsprechend dem Willen des Denkenden mit Energie aufgeladen und verläßt dann dessen Gedankenbereich, um die entsprechende Wirkung, dem Gesetz von Ursache und Wirkung (Karma-Gesetz) folgend, hervorzurufen. Durch zurückbleibende Grundrisse des Gedankens ist er mit dem Aussender verbunden, man kann hier auch von zurückbleibenden Energiefäden sprechen. Tritt der Gedanke aus dem

Bereich des Menschen heraus, so stellt er eine selbständige, kraftgeladene Wesens- oder Energieeinheit dar. Wie alles Dasein, so hat auch die Gedankenwesenheit, wie wir sie auch nennen können, Bewußtsein und einen Selbsterhaltungs- und Verwirklichungstrieb. Um ihre Existenz verlängern und stärken zu können, veranlaßt diese Gedankeneinheit andere Menschen, besonders aber ihren Erzeuger, durch erneute Gedanken gleicher Art, sie mit Kraft aufzuladen, was unserer physischen Ernährung gleichkommt.

Die Formen wie die Auswirkungen der Gedanken richten sich nach der vorherrschenden Charakterschwingung des Erzeugers bei deren Schöpfung. Das heißt, denken wir negativ, so sind auch die Auswirkungen der Gedanken entsprechend. Auch die Willenskraft bei der Erzeugung spielt eine große Rolle für das Ausmaß der Gedankenwirkungen. Es wird oft behauptet, daß die Gedanken keine Wirkungen hervorbringen. Das stimmt nicht. Nur der Zeitpunkt, wann die Wirkung eintritt, kann sehr unterschiedlich sein, so daß wir uns oft des Gedankens nicht mehr bewußt sind, wenn die Wirkung eintritt. Außerdem ist zu beachten, daß nach dem Karma-Gesetz alles auf uns zurückfällt. Das heißt, der Saat folgt die Ernte, ob wir ernten wollen oder nicht, das Gesetz zwingt uns erst einmal dazu.

Genauso wie negative Gedanken, wirken sich auch die positiven aus. Zeigen wir das noch einmal an einem Beispiel auf: Wenn ein Mensch ständig glaubt, daß es ihm schlecht ginge, daß er keinen Erfolg habe, sich alles gegen ihn stelle und ihm nichts gelänge, so kann man feststellen, daß sich sein Denken dementsprechend auswirkt. Wer hingegen sich ein festes Ziel steckt, dieses mit immer neuen Gedanken ähnlicher Ausrichtung stärkt, der richtet die Gefühle und automatisch auch die Handlungen auf die Gedankenform (das Ziel) aus. Durch das zähe Festhalten wird dann oft Unglaubliches erreicht. Schwierigkeiten werden gemeistert, Ziele verwirklicht, Gesundheit wieder hergestellt und Fehler, Süchte und Begierden überwunden.

Man muß jedoch bedenken, daß der Zweifel eine zersetzende Energie in sich trägt und die Auswirkungen der Gedanken völlig oder teilweise aufheben kann. Die Magie und die Gebetshilfe, das tröstende Wort, alles stützt sich auf die Macht der Gedanken. Verwende nun diese Kraft, um Dein eigenes göttliches Ziel zu erreichen. Versenke Dich jeden Abend in folgenden Gedanken:

„Ich komme meinem göttlichen Ziel
täglich ein Stück näher.
Die Kraft meines Willens
trägt mich von Stufe zu Stufe.
Ich stehe in der Macht göttlicher Liebe. "

Sei von dem, was Du denkst, vollkommen überzeugt, denke kraftvoll und nachhaltig und lasse keinen Zweifel aufkommen. Übe Dich im kraftvollen Denken, doch hüte Dich vor negativer Denkweise. Verwende in Deinen Gedankenformen keine negativen Formulierungen. Denke zum Beispiel nicht: „Ich will die Krankheit überwinden", sondern „Gesundheit erfüllt meinen ganzen Körper". Der Gedanke an die Krankheit läßt negative Energien folgen. Der Gedanke an die Gesundheit ist mit positiven Energien geladen. So kannst Du selbst durch richtige Gedankenformen Dein Leben verwandeln, und ein Gesetz besagt:

Der Mensch ist das, was er denkt.

Wie man die Angst überwindet

Die Angst ist wohl zur Zeit die größte Plage der Menschen, sie ist wie eine Seuche, welche die Erde durchzieht, und nur wer fest in seiner Göttlichkeit verankert ist, kann ihr widerstehen. Wer jedoch von der Angst befallen wird, bedarf einer intensiven Behandlung, sonst vergiftet er seine ganze Umgebung und erfährt eine lähmende Wirkung. Herz- und Kreislauferkrankungen sowie Verdauungsstörungen und ein zerrüttetes Nervensystem sind Folgen innerer Angstzustände. Wir haben gerade die Macht der Gedanken besprochen, hier können wir sie kraftvoll anwenden. Wir schaffen uns eine starke Gedankeneinheit, um sie als Heilmittel zu verwenden:

> Bei Gott finde ich
> ewige kosmische Ruhe und Harmonie.
> Ich bin eins mit Gott
> und trage demnach in mir
> die göttliche Ruhe und Harmonie.
> Meine innere Ruhe ist unantastbar
> nichts kann mich
> aus dieser unendlichen Ruhe herausbringen.
> Ich bin eins mit Gott
> und befinde mich in seinem unendlichen Frieden.
> Alles, was auf mich zukommt,
> meistere ich in SEINER Liebe. ·
> AMEN.

Wenn wir diese Worte mit ganzer Hingabe aussprechen, wenn wir jede Phase dieses Kraft-Gebetes lebendig fühlen, dann wird die Angst von uns weichen. Denn Angst zeigt, daß wir uns nicht in der Liebe Gottes geborgen fühlen, Angst bedeutet, abgeschlossen zu sein vom unendlichen Kraftstrom Gottes, Angst bedeutet, sich von Gott getrennt zu fühlen. All das entspricht nicht der Wahrheit, sondern führt uns in die Isolation. Wenn wir tagsüber von der Angst überfallen werden, dann sollten wir folgendes Stoßgebet gen Himmel senden:

„Gott hilf mir!" – und ER hilft.

8) Von der Nächstenliebe

Wie trachten die Menschen danach, die Fehler und Schwächen ihrer Mitmenschen zu erkennen und herauszustellen, um zu zeigen, daß die anderen auch nicht besser sind als sie selbst.

Wenn die Menschen nur begreifen würden, wie sie sich selbst und dem anderen damit schaden! Leider tun es auch jene, die meinen, mehr von den geistigen Dingen zu wissen. Wie oft wird es ihnen gesagt, und in vielen Büchern ist es zu lesen, welche Kräfte den Gedanken innewohnen, weshalb man seine Gedanken kontrollieren soll, um nicht das Niedere, was man aussendet, wandeln zu müssen.

Inwieweit schaust Du selbst noch in erster Linie auf die Fehler Deiner Mitmenschen, ohne zu erkennen, daß sie nur einen geringen Teil des Menschen ausmachen und dem Wandel unterworfen sind? Sieh doch tiefer in den Menschen hinein, suche das Göttliche in ihm zu erkennen, das, was Bestand hat und Euch beide verbindet. Ist diese Bindung nicht stärker, strahlender und bleibender als das, was dem Menschen nur zeitweise anhaftet? Und wie wirken sich Deine Gedanken, Dein Suchen nach den Fehlern des anderen aus? Du regst Dich vielleicht über die Fehler des Menschen auf, mit dem für Dich ein schwieriges Auskommen ist.

Merkst Du dabei nicht, daß Du ihm auf diese Weise Gedanken gleicher Art zusendest und ihn dadurch in seinen Fehlern bestärkst? Du ziehst doch damit Energien an, die der Betreffende aufnimmt, und seine Fehlerhaftigkeit wird so noch verstärkt. Du machst Dich also mitschuldig, wenn Du ihm die Energien zusendest, die er dann gegen Dich verwendet. Deine negative Denkweise ist es, die Dich letzthin an ihn bindet, denn eine karmische Bindung wird immer von beiden Seiten erzeugt.

Könntest Du nur das Gute, das Göttliche im anderen sehen und danach trachten, es zu unterstützen, würdest Du ihn mit guten Gedankenkräften umgeben, sie würden seinen Fehlern die Nahrung entziehen. Gehe den Schwächen des anderen aus dem Weg, provoziere ihn nicht noch in dieser Richtung, sondern hilf ihm, die guten Seiten seiner Wesenheit auszuleben.

Wenn alle Menschen im Umgang mit ihren Mitmenschen so verfahren würden, sähe der Alltag anders aus. Man würde Kräfte entwickeln, die sich heilsam auf den anderen auswirken könnten. Wende Dein Wissen praktisch an, nur so kann es Dir von Nutzen sein. Sonst sammelst Du totes Kapital, und Du würdest dem Knecht in der Bibel gleichen, der das ihm anvertraute Geld vergräbt, damit es ihm nicht gestohlen wird.

In jedem Menschen findest Du nicht nur Deinen Bruder, sondern Christus!

„Was ihr einem meiner geringsten Brüder angetan habt, das habt ihr mir angetan!"

So sprach der Heiland, und seine Worte gelten noch heute. Wie schnell werden sie jedoch vergessen. Der Mensch setzt sich über all die Dinge hinweg, die ihm als Wegweiser gegeben wurden. Warum wohl hat Christus gelebt, warum hat er den Menschen so viele Hinweise gegeben? Doch nur, um jedem einzelnen die Richtlinien zu geben, damit er zum VATER zurückkehren kann. Mache Dir einmal Gedanken darüber, was der oben zitierte Ausspruch bedeutet. Frage Dich einmal, wie Du Deinem Bruder auf der Straße, am Arbeitsplatz und in der Familie begegnest. In jedem Menschen steht Dir Christus gegenüber! Nun – wie begegnest Du Christus?

Wie sagte er doch: „Ich habe Hunger gehabt, und Ihr habt mich gespeist; ich habe Durst gehabt, und Ihr habt mir zu trinken gegeben. Ich war nackt, und Ihr habt mich gekleidet; ich war müde, und Ihr habt mir ein Bett gegeben."

So betrachte Deine Umgebung, Deine Mitmenschen. Gib ihnen, was sie brauchen, auf daß Du es Christus gibst. Aber nicht nur dann, wenn Du eine gute Tat vollbringst, tritt Dir Christus gegenüber, auch jedes Wort, das den anderen kränkt, trägst Du Christus entgegen. Auch eine unterlassene Hilfeleistung wird dementsprechend aufgerechnet. Wenn Du einen Menschen leiden siehst, solltest Du in ihm auch Christus leiden sehen. Wie oft gehen doch die Menschen achtlos an ihren Mitmenschen vorüber, sie kümmern sich um die Sorgen und Nöte der anderen nicht, es ist jedoch der Bruder, die Schwester, die dort leidet, es ist Christus, der am Kreuz der Körperlichkeit keine Hilfe bekommt. Werde ein rechter Christ, folge Christus nach, nicht nur auf Deinem Taufschein, sondern in Deinen Gedanken, Gefühlen, Worten und Taten. Frage Dich immer, wie würde sich Christus in Deiner Lage entscheiden. Und dann gehe zu Deinem Bruder, und begegne Christus in Deinem Nächsten.

Die göttliche Heilkraft

Von göttlicher Kraft ist der Mensch umgeben, und so er sich für diese Kraft öffnet, kann sie ihm zum Heile gereichen, nicht nur dem inneren Menschen, sondern auch seinem physischen Körper. Der Mensch leidet seelisch und körperlich, weil er mit seiner inneren und äußeren Natur nicht in Harmonie schwingt. Aus dieser Disharmonie entstehen Krankheiten. Jede körperliche Krankheit ist, und das sollte man bedenken, immer ein sichtbares Zeichen einer inneren Krankheit. Es reicht darum nicht aus, nur die körperlichen Leiden zu beseitigen. Man muß die Ursache in den inneren Bereichen suchen und dort mit der Heilung beginnen. Was nützte es dem Menschen, wenn er nur körperlich gesund würde! Es würde nur eine zeitweilige Gesundheit sein, und die inneren Ursachen würden neue, vielleicht sogar größere Wirkungen im Körper hervorrufen. Jedes niedere Gefühl wie Haß, Ärger oder dergleichen ist ein Baustein zu einer seelischen Krankheit. Diese Gefühle rufen aber auch Vibrationen im Körper hervor, schwächen ihn, und je nach den vorherrschenden Gefühlen negativer Art werden sich dann entsprechende körperliche Leiden einstellen. Wenn sich der Mensch zum Beispiel über jede Kleinigkeit ärgert, so wird er – auch die Ärzte wissen das – Magenbeschwerden bekommen. Wer geizig ist, schafft sich Leiden im Atmungs- oder Verdauungsbereich. Wer ständig Angst hat, schafft sich Verkrampfungen aller Art. Wer geistig blind ist, obwohl er seiner Entwicklung gemäß sehen könnte, muß mit Augenleiden rechnen. Ein Leben gegen die Natur des Menschen schafft Ansätze für Geschwüre aller Art im Körper. Glaube nicht, daß sich alles Negative sofort in diesem Leben auswirkt, die Wirkungen können auch erst im nächsten Leben eintreten. Immer aber werden die eigenen Früchte geerntet, da sich der Mensch durch sein Trachten nach Erfolg – ob im Diesseits oder Jenseits – selbst an diese Früchte bindet. Wer aber Gutes tut um des Guten willen, wer das Schlechte unterläßt, weil es seiner Natur nicht gemäß ist, der dient nicht sich selbst, sondern Gott. Er empfängt alles von Gott, weil er alles für Gott vollbringt, und das, was der Mensch von Gott empfangen kann, ist ewige Harmonie.

Jeder Mensch ist vom Geistigen aus gesehen krank und bedarf der Heilung, jeder trägt in sich den Mangel an Harmonie. Gesundheit stellt sich dort ein, wo kein Mangel herrscht. Der Mensch glaubt erst dann krank zu sein, wenn er Schmerzen verspürt, die seelischen Schmerzen werden meist nicht bemerkt. Leider haben die Menschen das Gefühl für die Harmonie von Geist, Seele und Leib verloren und glauben darum, nichts zur Gesundung beitragen zu müssen. Wer vollkommen gesund ist, ist fähig, andere zu heilen, da er in Harmonie mit dem Göttlichen schwingt und die Kräfte Gottes in Reinheit durch ihn fließen können und jeden Mangel beseitigen.

Wir wollen nun eine Möglichkeit zeigen, wirksam diese Kräfte aufzunehmen. Stelle Dir den göttlichen Heilstrom als goldenen Regen vor, der Dich ständig umgibt. Nun kannst Du Dich nach vorherigem Gebet ganz bewußt diesem Heilstrom hingeben. Erhebe Deine Hände, während Du aufrecht stehst, und stelle Dir vor, wie die Kräfte durch Deine Fingerspitzen in die Blutbahnen einfließen und so den ganzen Körper durchziehen. Das Blut mußt Du von goldenen Fäden durchzogen sehen. Wenn Du körperliche Leiden hast, dann konzentriere diese Heilkraft in der Mitte zwischen Deinen Augenbrauen, wodurch dort ein Kraftzentrum entsteht. Wenn Du Dir das gut vorstellen kannst, wirst Du dort Wärme empfinden. Jetzt sende diese Kraft zu den Teilen Deines Körpers, die krank sind. Ziehe die Kraft nach etwa drei Minuten zum Zentrum zurück, um sie in andere Teile des Körpers zu leiten. Nimm Dir jeweils nur eine krankhafte Stelle vor. Am Ende dieser Übung lasse die Kraft durch das Kraftzentrum wieder aus dem Körper herausfließen. Wichtig ist, daß Du diese Übung durch ein Gebet einleitest und mit einem Dankgebet abschließt. Du mußt die Kraft jeweils wieder aus dem Körper herausleiten, sonst könnte ein Zuviel Dir schaden. Denke jedoch daran, nach den Ursachen der Leiden zu forschen und sie abzustellen, sonst kann die Wirkung der Übung nur von kurzer Dauer sein. Sie darf zweimal am Tag durchgeführt werden, jedoch nicht öfter.

9) Vom Vegetarismus

Darf ein geistig Strebender Fleisch essen, oder hat die Ernährung keine Bedeutung für die geistige Weiterentwicklung eines Menschen?

Man kann diese Frage nicht einfach mit ja oder nein beantworten, sondern muß die tieferen Gründe erforschen. Christus hat den Menschen nicht vorgeschrieben, was sie zu essen und zu trinken haben, denn allgemeine Vorschriften berücksichtigen nicht die Entwicklung des einzelnen. Wohl müssen Grundlinien gegeben werden, woran sich der Mensch halten kann, um Gott näherzukommen. Diese Frage geht jedoch über die Grundlinien hinaus und wird auch nur den beschäftigen, der auch die Tiere als göttliche Wesen erkennt und ein Gefühl für alles Leben in der Natur entwickelt. Es gilt für jeden jedoch erst einmal das Wort Christi:

„Es schadet dem Menschen nicht das, was zum Munde hineingeht, sondern was aus dem Munde herauskommt." (Matth. 15,11)

Wer sich ernsthaft mit dem Vegetarismus auseinandersetzt, hat folgendes zu beachten:

Der Mensch nimmt nicht nur das Physische der Nahrung auf, sondern die Lebenskraft, die unsichtbar in der Nahrung enthalten ist. Da Tiere auch einen relativ stark ausgebildeten Gefühlsbereich haben, in dem alles Leid, alle Freude ihres kurzen Erdenlebens schwingungsmäßig enthalten ist, nimmt der Mensch durch den Fleischgenuß auch die Gefühle der Tiere in sich auf. Abgesehen von der umstrittenen Frage, für welche Nahrungsaufnahme der Körper geschaffen wurde, hat der Mensch die Aufgabe, seinen Körper immer mehr zu vergeistigen, damit das Göttliche durch ihn offenbar werden kann. Wie sehr die Nahrung auf die Eigenschaften eines Wesens wirkt, ersehen wir daraus, daß man einem Hund, der „scharf" werden soll, viel rohes Fleisch zu fressen gibt. Bei Versuchen mit Ratten hat man erkannt, daß eine mangelhafte, unter ihrer Natur stehende Ernährung diese Tiere angriffslustig machte. Eine Ernährung, die ausgewogen und rein vegetarisch ist, macht sogar ein sogenanntes Raubtier zahm und Fleisch ablehnend.

Der Mensch, der doch in seiner Entwicklung weit über dem Tier steht oder stehen sollte, wird, wenn er geistig weiterschreitet, viel empfindlicher für niedere Schwingungen, so auch für eine seiner göttlichen Natur nicht entsprechenden Ernährung. Der Körper braucht, um sich immer wieder aufbauen zu können, die materielle Speise, aber er braucht auch das Geistige der Speise, und das – seiner eigenen Entwicklung entsprechend – in immer reinerer Form. Es stellt darum eine ganz natürliche Entwicklung dar, wenn man das Fleisch meidet. Wer aber glaubt, schon dadurch rein und in seiner Entwicklung fortgeschritten zu sein, nur weil er kein Fleisch ißt, befindet sich im Irrtum. Wer das Fleischessen läßt, nur weil es ihm körperlich schaden könnte, verfolgt egoistische Ziele und sollte seinen Blick zuerst auf das Geistige lenken. Christus sagte: Trachtet zuerst nach dem Reiche Gottes, alles andere wird Euch gegeben!

Nur wer aus natürlichem Verlangen auf den Genuß von Fleisch verzichtet, ist auf dem richtigen Weg. Das Essen sollte nur als Mittel betrachtet werden, um den Körper zu erhalten und nicht im Vordergrund stehen. Leider beschäftigen sich viele Menschen mehr mit dem, was sie essen sollen, anstatt damit, wie sie am besten den Willen Gottes erfüllen. Wer meint, das Fleisch noch zu brauchen, der esse es, und es unterlasse der das Fleischessen, der kein wahres Verlangen danach verspürt. Wir haben eine Leidenschaft nicht dadurch überwunden, daß wir sie nicht ausleben, das würde einem Unterdrücken gleichkommen, und Christus sagte: Widerstehet dem Übel nicht! Eine derartige Entwicklung ist disharmonisch. Nur wer die Leidenschaften läßt, weil sie durch geistige Entwicklung langsam von ihm abfallen, dessen geistiges Gehen ist harmonisch.

Man kann ohne Fleisch leben, das Eiweiß kann aus pflanzlichen Produkten wie Nüssen gedeckt werden oder aus tierischen wie Milch und Käse. Streiten sollte man sich nie, weder um irdische noch geistige Belange. Ein Christ kann, muß aber nicht Vegetarier sein, und vegetarische Lebensweise macht noch keinen wahren Christen aus.

10)   Von der Vollkommenheit

Das höchste Ziel eines jeden Geistes ist es, Gottes Ebenbild zu werden, um somit Gottes Willen Ausdruck zu verleihen. Damit wird der Geist Gott ähnlich und kann direkt
von Gott – also von der höchsten Schwingung – angezogen werden.

Gottes Kraft und Urlicht kann dann in voller Stärke und
Wirksamkeit vom Geist, also von Seinem Ebenbild, aufgenommen und unvermindert – das heißt auf derselben
Schwingungsfrequenz – weitergeleitet werden. Einssein
mit Gott heißt angenommen sein von Seinem Licht, heißt
Seine Gnade und Liebe zu empfangen und sie dazu zu verwenden, Gottes Willen zu erfüllen.

Trennen von Gott können Dich nur Deine eigenen Gedanken, wenn Du nicht erkennst, daß Du ein Teil Gottes
bist und sein sollst. Benutzt Du aber die Erkenntnisse der
kosmischen Gesetze, um gegen Gott und damit zerstörend
zu wirken, so trittst Du aus dem Kraftstrom Gottes heraus.
Dann gehst Du nicht aufwärts zu Gott, sondern trittst aus
Gott heraus, was die Folge hat, daß Du die von Gott gege-
bene Kraft verbrauchst, ohne daß neue Kraft von IHM einfließt. Damit zerstörst Du Deinen Körper, minderst Deine
geistige Beweglichkeit, bis Du der Erstarrung anheim-
fällst.

Erkenne aus dem Gesagten, daß Du – so Du bemüht
bist, Gottes Willen zu erfüllen – eins bist mit IHM, einbe-
zogen in Seinen Kraftstrom. Wenn Du Dich dieses Kraft-
stromes bewußt bedienst, kannst Du Dich höher und höher

schwingen. Es kann der Kraftstrom in immer höherer Schwingungsfrequenz in Dich einfließen und befähigt Dich zu immer klarerem Erkennen und Erfüllen des Willens Gottes, und Du kommst dann Deinem höchsten Ziel näher: Einssein mit Gott auf der höchsten Schwingungsebene!

Du kennst das Gesetz, wonach das Licht das Dunkel wandelt. Wende dieses Gesetz bei Dir selbst an, das heißt, ziehe immer mehr das göttliche Licht an, und Dein Seelenkleid wird lichter und heller werden. Es ist dann nur noch dafür zu sorgen, daß Du nicht durch falsche Anwendung der kosmischen Gesetze aus diesem Lichtstrom heraustrittst.

Darum ist es nicht richtig, an dem Vergangenen zu hängen und sorgenvoll zurückzublicken, gleichgültig wie die Vergangenheit aussieht, sondern stets neu anzufangen und Dich zu bemühen, das Licht durch positive Erfüllung der göttlichen Gesetze immer stärker durch Dich strahlen zu lassen.

Auf die gleiche Weise kann jedes Karma gelöst werden, aber nicht von außen, sondern nur von einem jeden selbst. Darum erwarte keine Hilfe von anderen. Auch wir wollen Dir nur die Mittel in die Hände legen, die es Dir ermöglichen, Dir selbst zu helfen.

Gehen wir noch einen Schritt weiter. Wir wollen Dir nun anhand des vorher Gesagten erklären, was mit der „Auferstehung des Fleisches" gemeint ist: Indem Du Dich höher und höher entwickelst, das heißt, indem Du Dich bemühst, die göttlichen Gesetze immer aufbauend zu erfüllen, kann der göttliche Kraftstrom in immer höherer Schwingung in Dich einfließen, was bedeutet, daß Deine Eigenschwingung eine höhere wird, nicht nur die Eigenschwingung der Seele, sondern auch die Deines Körpers. Das Od eines geistig hoch entwickelten Menschen, das nach der Verwesung des Körpers frei wird, ist in seiner Schwingung höher als das eines geistig noch niedrig stehenden Menschen.

Nun ist es durchaus möglich, daß ein Mensch sich so weit entwickeln kann, daß seine Eigenschwingung die Schwingungsebene dieser Erde übersteigt. Dann löst sich der Körper mit all seinen chemischen Elementen und Verbindungen in reinstes Od auf, das heißt das freiwerdende Od hat jene Schwingung erreicht, die gerade noch von der Materie (der Erde) angezogen werden kann. Dein Geist wird frei, Du erlebst den Tod nicht in herkömmlicher Weise, wie es auch auf den höheren Planeten nicht der Fall ist, und Dein Körper löst sich sofort auf. So ist es auch bei Christus gewesen. Es ist einem Geist dann möglich, diese frei gewordene Odkraft seines Willens zu jeder Zeit anzuziehen und zu verdichten, um so im irdischen Körper wieder zu erscheinen, ohne eine erneute Inkarnation durchzumachen. Das hat Dir Christus durch seine Auferstehung bewiesen. Er lebte unter seinen Jüngern in der gleichen materiellen Schwingung wie vor der Kreuzigung.

Wenn Du jenen Grad der Vollkommenheit erreicht hast, gibt es für Dich keinen qualvollen Tod mehr, sondern nur eine bewußte Schwingungsänderung. Nehmen wir einmal an, alle Menschen könnten auf diese Weise ihren irdischen Körper auflösen, die Erde hätte ihre Vollkommenheit erreicht und würde eingehen in die nächste Schwingungsebene.

Du sollst erkennen, wozu ein Kind Gottes hier auf Erden fähig sein kann – Du sollst aber auch erkennen, daß Du nicht nur an Deiner Vervollkommnung arbeitest, sondern daß Du an der Vervollkommnung der Erde mitarbeitest. Alles, alles, was Du hier auf der Erde siehst: Jeder Stein, jede Pflanze, jedes Tier strebt hin zur Vergeistigung, und nur die Menschen als Kinder Gottes haben die Möglichkeit und somit auch die Pflicht, an dieser Vervollkommnung mitzuwirken.

Diese Möglichkeit erhebt Dich über alle irdische Kreatur und läßt Dich bewußt werden, daß Du Herr und Gestalter dieser Erde bist und nicht Sklave. Nur den Menschen, als Kindern Gottes, ist es möglich, sich durch positive Erfüllung der geistigen Gesetze über die irdischen Gesetze zu erheben und somit wahrhaft schöpferisch tätig zu sein hier auf Erden.

Rechte Gotterkenntnis

Der Geist strebt zu seinem Ausgangspunkt zurück, um in ihm seine höchste Vollendung zu erfahren, um eins zu werden mit der Quelle allen Seins. Er trägt einen Funken des Höchsten in sich, der ihm Wegweiser, Schwingungsübermittler und Erkenntnisquelle zugleich ist. Dieser göttliche Funke ist das Spiegelbild der Ur- oder Zentralsonne. Um nun zu seinem Ausgangspunkt zurückkehren zu können, muß man ihn erkennen lernen. Die Erkenntnis richtet sich nach dem Reifegrad des Geistes und kommt dem Urbild mit zunehmendem All-Bewußtsein immer näher.

Gott ist unwandelbar, ruhend in sich selbst, und doch durchpulst ER mit seiner Kraft unaufhörlich seine ganze Schöpfung. Alles, was ER ausströmt, ist dem Wandel unterworfen, und zwar so lange, bis jene Schwingung wieder eingegangen ist in IHN. Das Unwandelbare kann nur vom

Unwandelbaren erkannt werden, von dem, der alles in allem ist. So kann also nur Gott sich selbst voll erkennen, und seine Geschöpfe können in ihrer Vollkommenheit auch nur den Teil Gottes erfassen, den sie selbst darstellen.

Um aber an ein Ziel zu gelangen, muß man es auch erkennen können. So offenbart sich Gott dem aufsteigenden Geist in der höchsten Form seines Erkenntnisvermögens. Der Geist hat nun die Aufgabe, selbst zu dem zu werden, was er als Gott erkennt. Dann wiederum wird Gott sich ihm in der nächsthöheren Form offenbaren. Gott ist in allem das Höchste. Die Offenbarung Gottes kann außerhalb des Geistes oder Menschen oder in ihm selbst geschehen. ER offenbart sich in der Natur ebenso wie durch ein Lebewesen, und die Menschen haben die Pflicht, in allem Gott zu erkennen. Gott spricht auch heute noch zu den Menschen, sei es durch eine Blume, durch ein Tier oder durch einen anderen Menschen. Trachte also danach, die göttliche Wesenheit in allem zu erblicken. Sie ist das, was unwandelbar ist in der Schöpfung, der göttliche Funke!

Und dann horche, was Gott Dir zu sagen hat. Zu dem noch in der Materie Verhafteten muß ER durch die Materie sprechen. Bei dem Geistbewußten kann ER sich in ihm offenbaren. Jeder also, der erkannt hat, daß er einen Funken Gottes in sich trägt, kann durch ihn die Stimme Gottes hören. Dann braucht er die Materie als Übermittler nicht mehr, dann findet er in sich den Weg zu Gott. Viele Menschen meinen nun, daß sie die Wahrheit nur bei diesem oder jenem Menschen, Gemeinschaft oder Wesen erfahren können. Wenn sie sich aber mit bestimmten Menschen oder Wesen verbinden, dann binden sie sich an sie und erwarten, von Gott durch sie geführt zu werden. Das ist eine ganz falsche Einstellung, denn wir haben nicht das Recht,

Gott Vorschriften zu machen, sondern nur offen zu sein für jedes Wort Gottes.

Jede Gemeinschaft kann und soll dem Menschen nur die Mittel geben, selbst seinen individuellen Weg zu finden. Die Wege zu Gott sind so verschieden, wie die Geister selbst. Jeder trägt die Wahrheit in sich, nur das Erkenntnisvermögen ist unterschiedlich. Es ist immer nur ein Teil, was vom Menschen erkannt werden kann, denn die reinste Wahrheit ist bei Gott, und Gott ist die Wahrheit, und seine Wesen können IHN nur durch den Spiegel seiner Schöpfung sehen. Gott ist also in allem das Höchste, und wenn die Menschen danach streben, werden sie zu der für sie rechten Gotterkenntnis gelangen. Man soll sich von Gott kein Bild machen, wohl aber seine Wesenheit in sich zu erfassen bemüht sein.

II.
Heiler-Schulung

Zwölf Lehrbriefe zur Einführung
in die „Geistige Heilung"

1. Brief

Lieber Strebender!

Sei gegrüßt, der Du Dich der geistigen Heilung zuwenden willst!

Gleich zu Anfang möchte ich sagen:

Wo auch ein jeder sich befindet, ob er allein oder in einer Gemeinschaft seinen Weg zu gehen bemüht ist, immer wird er von Wesen auf der unsichtbaren inneren Ebene geleitet, geführt und in seinen Bemühungen unterstützt. So darf ein jeder sich in der Gemeinschaft der unsichtbaren Helfer geborgen fühlen, die wie wir den Wunsch haben, der leidenden Menschheit zu helfen. Es handelt sich um Wesen, die im Heils- und Erlösungsplan des Schöpfers, seinem Willen gehorchend, ihre Aufgaben erfüllen. So wollen auch wir lernen, in seinem Willen unsere Aufgabe zu erfüllen.

Vorbemerkungen

Jedem geistigen Heiler ist anzuraten, sich auf dem Gebiet der Medizin sachkundig zu machen. Man bedenke auch die rechtliche Seite des Heilens und sei bemüht, nicht mit den geltenden Gesetzen in Konflikt zu kommen. Wir nützen unserem geistigen Auftrag wenig, wenn wir uns strafbar machen. Gott hat es nicht nötig, seine Werkzeuge zu rechtswidrigen Handlungen zu veranlassen. Immer sollte sich der angehende geistige Heiler überlegen, wie er seiner Heiltätigkeit eine rechtliche Grundlage geben kann.

Die beste Grundlage bietet ein Studium der Medizin oder die Ausbildung zum Heilpraktiker. Aber auch als Masseur, Fußpfleger oder Krankengymnast kann man heilerisch tätig sein. Weitere Möglichkeiten herauszufinden, bleibt jedem selbst überlassen.

Wenn Du Dich der geistigen Heilweise zuwenden willst, solltest Du zuerst einmal innehalten und Dich fragen, warum Du ein geistiger Heiler werden willst. Welche Motive leiten Dich dazu? Leicht solltest Du Dir die Beantwortung der Frage nicht machen!

Forsche nach den inneren Beweggründen!

Willst Du aus mitfühlender Liebe dem Leidenden helfen oder durch Deine Fähigkeit die Aufmerksamkeit anderer auf Dich lenken?

Vielleicht willst Du nur Dein kleines Selbst, Dein Ich stärken. Wir sollten uns auch fragen, ob wir die moralische Ausrüstung haben, um der Aufgabe eines Geistheilers gewachsen zu sein. Frage Dich auch, ob Deine Liebe zur leidenden Menschheit und Deine Dienstbereitschaft ausreichen, um ein selbstloses Leben als geistiger Heiler zu führen.

Von dem Tage an, an dem Deine Heilbemühungen Erfolge zeigen, trittst Du aus Deinem bisherigen ruhigen Leben heraus und solltest nur noch für die leidenden Menschen da sein. Wenn Du einen Teil Deines Lebens für Dich zurückbehalten willst, dann verzichte auf die geistige Heilung. Es ist dann besser, Du arbeitest auf einem anderen Gebiet, anstatt auf dem Gebiet der Heilung nur Halbes leisten zu wollen!

Nun, wenn Du bis hierher Deinen Wunsch, heilen zu

wollen, noch nicht aufgegeben hast, solltest Du noch weitere Überlegungen anstellen, damit Du nicht aus Verblendung eine falsche Entscheidung triffst:

Durch Dein Bemühen, Heilkräfte zu übermitteln, stellst Du Dich in einen Energiestrom und bist nach Deinen Erkenntnismöglichkeiten für die Wirkungen, die aus der Übermittlung entstehen, verantwortlich. Je bewußter Du an die Energieübertragung herangehst, und Du solltest Dich darum bemühen, desto größere Verantwortung trägst Du für die Qualität der übermittelten Energien.

> Innere und äußere Reinheit
> sind deshalb das erste Gebot für den Heiler

Jede disharmonische Schwingung, mit den daraus entstehenden Wirkungen, bindet den Heiler an sein Werk. Es kann aber auch eine Bindung dadurch entstehen, daß der Heiler jeden Heilerfolg sich selbst zuschreibt. Darum ist es erforderlich, daß der Heiler die richtige Einstellung für sein Wirken aufbringt.

Nicht er ist es, der heilt, sondern er darf sich nur als Werkzeug einer höheren Macht fühlen!

Wer die geistigen Heilkräfte anderen vermittelt, muß wissen, daß sie nicht ein Zeugnis für geistige Reife darstellen, sondern daß die eigene geistige Entwicklung mit der Entfaltung der geistigen Heilkräfte Hand in Hand gehen muß.

Eine Heilmethode kannst Du jedoch jederzeit ausüben: Die Gebetsheilung!

Jeder wahre Christ sollte zu dieser Art der Hilfe fähig sein, denn nicht umsonst hat Christus gesagt: „Ihr könnt das gleiche tun wie ich und noch mehr..." Man fragt sich aber: Wo sind die Christen, die heilen können?

75

Heute gilt die Heilfähigkeit als etwas Besonderes, obwohl jeder eine gewisse Heilfähigkeit in sich trägt. Die Mutter, die ihr krankes Kind in die Arme nimmt und mit den Händen über die schmerzenden Stellen streicht, überträgt Heilenergien. Es ist allein die mitfühlende Liebe, die sich hier auswirkt. Wie kann man da von besonderen Fähigkeiten sprechen, wo doch die Liebe jedem zu eigen sein sollte?

Das sind nur ein paar einleitende Gedanken, die Du nicht achtlos beiseite schieben solltest.

Voraussetzung

Die Reinheit, die für die Heiltätigkeit erforderlich ist, erwirbst Du Dir durch eine intensive Schulung des Körpers, des Charakters und durch die Fähigkeit, für äußere Disharmonien unempfänglich zu sein. Du kannst die äußeren Disharmonien wohl wahrnehmen, Du solltest Dich von ihnen aber nicht so stark berühren lassen, daß Du aus Deinem inneren Gleichgewicht, aus Deiner inneren Harmonie heraustrittst, aus Deiner inneren Stille oder Mitte, wie immer wir es bezeichnen wollen. Denn dann kannst Du die Heilenergien nicht in der Reinheit durchlassen, wie es erforderlich ist, um positive Wirkungen zu erzielen.

Wie erlangen wir die körperliche Reinheit?

Gib dem Körper das, was er benötigt, um ein brauchbares Werkzeug zu sein, und nicht das, was er verlangt!

Wir haben das Gefühl für die Harmonie in unserem Körper teilweise oder auch ganz verloren, und wir glauben, wenn der Körper einen Wunsch äußert, daß dieser unbedingt gestillt werden muß. Wir haben es verlernt, mit der

Natur zu leben, und die vielen Krankheiten, die Du als Heiler zu beseitigen versuchst, sind das Ergebnis der mangelhaften Fähigkeit, der Natur gemäß zu leben.

Gib dem Körper ausreichende Bewegung, möglichst an frischer Luft, das heißt, führe nach dem Aufstehen ein paar gymnastische Übungen im Freien oder am offenen Fenster durch. Denke auch daran, daß die richtige Atmung bei der Reinhaltung des Körpers eine wichtige Rolle spielt.

Atme vor Deinen gymnastischen Übungen langsam tief ein und stoßartig aus. Stelle Dir vor, daß Du beim Einatmen reinigende Energien aufnimmst und beim Ausatmen alles Negative ausstößt. Halte Deinen Körper sauber!

Nimm wenig, aber gut ausgesuchte Nahrung zu Dir. Es ist nicht erforderlich, eine bestimmte Ernährungsvorschrift einzuhalten. Eine naturnahe Kost begünstigt die Übertragung von Energien.

Vermeide Gifte, gleich welcher Art, zum Beispiel Koffein, Nikotin, Alkohol, und auf keinen Fall darfst Du Rauschmittel zu Dir nehmen!

Wenn Du es ermöglichen kannst, meide auch den Genuß von Fleisch. Die Energien, die Du nach Fleischgenuß ausstrahlst, wirken sich hemmend auf den Gesundungsprozeß aus, da die Energien des Fleisches hauptsächlich dem niederen Astralbereich angehören. Wir kommen darauf später noch zurück! Deine Ernährung trägt einen wesentlichen Anteil zur Qualität der durch Dich fließenden Energien bei. Merke Dir auch:

Ein kranker Körper kann nie reine Energien ausstrahlen!

Die Strahlkraft und die Schwingungsfrequenz leiden darunter. Auch wenn Du müde und abgespannt bist, leidet Deine Ausstrahlung. Wie kannst Du in einem disharmonischen Zustand Kranken helfen?

Nur wer Harmonie ausstrahlt, kann Harmonie bewirken!

Soweit die körperliche Reinheit.

Wenden wir uns nun der astralen oder der Reinheit der Gefühle zu:

Die körperliche Reinheit ist bei gutem Willen leicht zu erreichen. Die astrale Reinheit erfordert mehr Anstrengungen und auch mehr Zeit.

Zersetzende Gefühle erzeugen eine zersetzende Ausstrahlung.

Reinige darum Deine Gefühlswelt!

Haß, Abneigung Menschen und auch anderen Wesen gegenüber, Hochmut und Selbstgefälligkeit vergiften die Aura. Liebe, Güte und Bescheidenheit machen sie licht und schön. Jeder angehende Heiler sollte sich deshalb einer intensiven Charakterschulung unterziehen. Die beigefügte Charakterschulung gibt eine Anleitung zur charakterlichen Reinigung, auch die mentale Reinigung ist darin enthalten.

Nimm Dir eine Deiner größten Charakterschwächen zum Gegenstand intensiver Arbeit an Dir selbst. Zu dieser Charakterschulung, die über eine längere Zeit, ja das ganze Leben währen muß, ist außerdem das Erlernen der Energiehandhabung erforderlich. Dazu dient eine regelmäßige Meditationsarbeit.

Meditation

Es ist am Anfang wichtig, daß die Ausstrahlung verstärkt wird. Dazu dient folgende Meditation:

Singe in gesammelter Haltung die heilige Silbe OM in Deinem Grundton. Fühle, wie sie aus Deinem Mittelpunkt alle Deine Bereiche durchstrahlt, bis sie über den physischen Körper, über die Aura sich der Umgebung mitteilt. Beginne leise zu singen, werde dann lauter und lasse den Ton leise wieder verklingen. Folge dem verklingenden Ton über Deine Aura hinaus und fühle, wie sich diese erweitert.

Beim Einatmen zieht sich die Aura wieder zusammen. Laß dann ein weiteres OM erklingen. Das rhythmische Ausdehnen und Zusammenziehen der Aura mußt Du ganz intensiv erleben! Die Vorstellungskraft ist bei dieser Übung wichtig.

Diese OM-Übung sollte zweimal täglich zehn Minuten einen Monat lang durchgeführt werden!

Je intensiver Du an Deiner Ausbildung arbeitest, je geduldiger und zielstrebiger Du bist, desto sicherer wird der Erfolg sein. Genauso wie Du eine bestimmte Zeit zum Erlernen eines irdischen Berufes benötigst, so ist auch eine umfangreiche Schulung zum Heiler erforderlich.

Die geistige Heilkunst ist nicht in ein paar Wochen erlernbar! Wer blind seine Aufgaben erfüllen will, kann nur mangelhaft eingesetzt werden. Je bewußter Du mit den Energien umgehen kannst, desto besser für Dein Wirken.

Geistige Heilmethoden – Gebetsheilung

Eine sehr starke Heilkraft übt das Gebet aus!

Nicht das Lippengebet, sondern das Gebet, das aus dem Herzen eines Menschen kommt, der aus Liebe und Mitgefühl für den leidenden Menschen betet. Und je reiner und selbstloser die Motive sind, desto größere Heilkraft vermag das Gebet zu vermitteln. Bei jedem Versuch, das Gebet als Heilmittel zu verwenden, ist es erforderlich, daß sich der Betende mit der ganzen Kraft seiner Hingabe einsetzt. Die Überzeugung, daß Gebete sich heilend auswirken, muß für den Betenden unumstößlich sein.

Er muß fühlen, wie während seines Gebetes die Heilkräfte im Kranken bereits wirksam werden, und er muß während des Gebetes eine Haltung einnehmen, als hinge die Gesundheit oder Krankheit allein von ihm ab. Mit dieser Verantwortung und seiner ganzen Hingabefähigkeit, seiner Liebe zu Gott und zu den leidenden Menschen, wird das Gebet seine Wirkung ausüben. Nur wenn der Heiler dabei einen Zustand der Entrückung erfährt, wird eine entsprechende Wirkung erzeugt. Die Gefühlsebene muß so stark in Schwingung versetzt werden, daß der Betende die Heilung buchstäblich selbst fühlt. Nur dann können sich alle Verkrampfungen im Gefühlsbereich lösen und ein ungehindertes Durchfließen der Heilkräfte ermöglichen.

Nimm beim Gebet eine gesammelte Haltung ein, ziehe Dich in Deinen Mittelpunkt zurück und beginne dann mit Deinem Gebet. Steigere Dich so in das Gebet, daß Du die Kräfte fließen fühlst. Sieh den Kranken in der Liebe Gottes gesunden und danke, noch ehe Du den Heilerfolg äußerlich erfährst, für die Heilung. Das ist sehr wichtig, daß Du in dem Gebet bereits Gott für die Erhörung des Gebetes dankst, daß auch nicht der leiseste Zweifel an der Wirkung des Gebetes bleibt.

Bitte ganz intensiv, daß Gottes Wille geschehen möge und zweifle nicht an SEINEM Werk. Wir möchten, daß der andere gesund wird. Bedenke aber, daß die Krankheit, und wir kommen später darauf noch zurück, eine notwendige Entwicklungsphase für den anderen darstellt. Darum überlasse es Gott, welchen Zeitpunkt der Heilung ER für richtig hält!

Die Energien, die Du durch das Gebet anziehst, werden sich auswirken, ob jetzt oder später, das hast Du nicht zu entscheiden. Du kannst nur die Voraussetzungen legen, daß dem anderen geholfen werde, doch überlasse es Gott zu entscheiden, was der Entwicklung des anderen dienlicher ist: die augenblicklich eintretende Gesundheit oder das noch Verweilen im Krankheitszustand. Das Gebet ist wirksam, daran solltest Du nicht zweifeln. Aber die Wirkung muß nicht unbedingt so ausfallen, wie Du es wünschst.

Bitte ganz intensiv, daß Gottes Wille geschehen möge! Durch das Gebet ziehst Du Energien an, sie fließen durch Dich und strahlen auf den aus, für den Du betest. Die Erfüllung des Gebetes folgt einem geistigen Gesetz, wonach jedem Gedanken die entsprechende Energie folgt.

Glaube an die Macht der Worte, und die Wirkung wird nicht ausbleiben. Zweifelst Du jedoch an der Wirksamkeit des Gebetes, so erzeugst Du zersetzende Energien, die oft die Wirkung der Gebete neutralisieren.

Sehr empfehlenswert ist es, Gebetsheilung mit einer Gruppe durchzuführen, denn die angezogenen Kräfte verstärken sich um ein Vielfaches. Jeder, der um die Macht der Gebete weiß, kann Gebetsheilung vollbringen.

Es ist die einfachste geistige Heilmethode. Ein Energiestrom wird auf den Kranken gelenkt, der ihn den karmischen Bedingungen entsprechend gesunden läßt.

Diese Art von Heilung kannst Du schon heute anwenden. Du weißt, daß die Energiequelle Gott ist, daß ER die
Heilung bestimmt, Du bist lediglich der Vermittler.

Krankheits-Ursachen

Für den normalen Heiler ist es fast unmöglich, die wahren
Ursachen der Krankheit herauszufinden. Er sieht nur den
physischen Körper, der jedoch nur die auf der physischen
Ebene in Erscheinung tretenden Wirkungen innerer
Krankheitsursachen zeigt. Es ist für ihn noch nicht einmal
möglich, den Beginn der Wirkung zeitlich und örtlich genau festzustellen. Wahre Heilung kann jedoch nur von der
Ursache her bewirkt werden. Das heißt, erst wenn die Ursachen für eine äußere Krankheit erkannt, beseitigt und
neue Ursachen ähnlicher Art nicht mehr gelegt werden,
dann ist der Mensch wahrhaft geheilt.

Wo finden wir die Ursachen äußerer Krankheiten?

Du kannst den physischen Körper studieren, mußt aber
auch, um ein rechtes Verständnis zu erlangen, die gesamte
physische Ebene mit ihren Gesetzmäßigkeiten in Dein
Blickfeld rücken. Hier finden sich viele Krankheitsursachen, die jedoch bei näherer Betrachtung nur Wirkungen
darstellen. Sie zeigen das Fehlverhalten des Menschen seinem Körper und seiner Umgebung gegenüber.

Wir haben vorhin erwähnt, daß der Mensch es verlernt
hat, seiner Natur gemäß zu leben, und er hat weiterhin verlernt, sich in den Ablauf der äußeren Natur einzugliedern.

Er löst sich heraus und trennt sich damit von den natürlichen Abläufen in seiner Umgebung. Er hat es verlernt, seiner Natur gemäß zu leben!

Die vielen verschiedenen Krankheiten sind dafür das sichtbare Zeichen. Wenig oder gar nicht bekannt ist die Existenz einer Ebene, die ebenfalls der physischen zugerechnet werden muß – die ätherische Ebene.

Auch der Mensch besitzt einen Äther- oder Energieleib, und hier liegen viele Ursachen physischer Krankheiten. Da der Energie- und Ätherleib ebenfalls der physischen Ebene angehört, werden wir ihn bei den physischen Krankheitsursachen beleuchten. Alle physischen Krankheiten stellen, wenn wir es recht betrachten, Wirkungen innerer Ursachen dar!

Betrachten wir einmal die Astralebene.

Wir wissen, daß hier alle Wünsche, Gefühle, Neigungen und Süchte ihren Sitz haben. Negative Gefühle wie Angst, Neid, Sucht können physische Krankheiten hervorrufen. Es erscheint dem Beobachter so, als ob im Astralbereich die Ursachen physischer und psychischer Krankheiten lägen.

Jedoch muß bedacht werden, daß negative Kräfte in dieser Ebene nur auftreten können, weil der Mensch diesen Bereich nicht beherrscht. Der Astralkörper kann jedoch nur von der höheren Mentalebene aus beherrscht werden. Ist es dem Menschen nicht möglich die Gefühle im Positiven zu halten, so liegt eine mangelhafte Konzentration und Beherrschung der Mentalebene vor oder eine mangelhafte Benutzung des Denkens. Es zeigt sich, daß die unkontrollierten Gedanken und ihre mangelhafte Nutzbarmachung Ursache physischer Leiden sind. Haben wir hiermit die entscheidende Ebene gefunden?

Nein, wir müssen noch weiter gehen!

Der mentalen schließt sich die Kausalebene an. Der Schritt von der Persönlichkeit zur Seele ist damit bewußtseinsmäßig getan. Die Kausalebene wird auch Ursachenebene genannt. Hier sind die Samenkörner künftigen Karmas eingebettet, hier verfügt der Mensch über alle Erfahrungen früherer Inkarnationen, und das derzeitige Leben ist das Ergebnis seines bisherigen Werdeganges als göttliche Seele. Gemäß ihrem Bewußtseinszustand sendet die Seele Impulse in die Persönlichkeit, sorgt für den Ausgleich negativer karmischer Schwingungen und läßt im physischen Leben die Saat vorheriger Leben aufgehen. Das heißt, das physische Leben in seinen Abläufen, die physische Gestalt des Menschen, sowie seine Gewohnheiten und Neigungen, alle diese Dinge sind Ergebnisse seines bisherigen geistigen Werdeganges. Jeder Ursache folgt eine entsprechende Wirkung, und das jetzige Leben in seinen verschiedenen Schicksalsabläufen stellt die Wirkung der vorherigen Leben dar. Gute und weniger gute Saat kommt zum Keimen!

Das Ergebnis bildet demnach einen Teil des menschlichen Lebens, das wir Schicksal nennen.

Ferner führt die Seele die Persönlichkeit in Erfahrungsbereiche, deren Essenz sie noch nicht in sich trägt. Wir kommen später noch näher auf das Leben der Seele zu sprechen. Die Seele will sich ungehindert auf der physischen Ebene äußern, das heißt, im Einklang mit deren Gesetzen wirken. Ist dies nicht möglich, so entsteht Disharmonie, die als Krankheit in den einzelnen Bereichen wahrgenommen wird, nicht nur im physischen Körper, sondern auch im Astral- und Mentalbereich.

So kann gesagt werden:

84

Jede Krankheit ist das Ergebnis behinderten Seelen-
lebens auf den einzelnen Daseins-Ebenen!

Die Seele wird solange ihre Aufmerksamkeit auf jenen
Punkt lenken, der ihre Offenbarung behindert, bis die Begrenzung sich löst, und das Licht ungehindert hindurchfließen kann. Man könnte auch sagen, daß jede Krankheit
einen Stau oder eine Fehllenkung von Seelenimpulsen,
-energien darstellt. Man muß nun herangehen, den Bereich der Stauung herauszufinden, um dort die notwendigen Umwandlungen zu bewirken, damit die Seelenenergien ungehindert hindurchfließen können. Wenn es sich
um eine Fehllenkung handelt – es besteht ein Unterschied
zwischen einem Stau und einer Fehllenkung von Seelenenergien – so muß herausgefunden werden, wo die Seelenenergien eigentlich fließen sollten.

Man muß sich fragen:

Wo sind Blockierungen in den Bereichen des Menschen,
die keine Seelenenergien durchlassen können?

Wo werden Energien so abgelenkt oder fehlgelenkt, daß
ein anderer Bereich stärker zum Schwingen gebracht wird,
als es von der Seelenebene aus gedacht ist?

So betrachtet, muß ein Heilvorgang umfassender sein,
als er heute von den meisten Heilern praktiziert wird! Bei
der Aufzeichnung der Krankheitsursachen bin ich bewußt
bis zur Seelenebene gegangen, um Dir einen größeren
Überblick über das Gebiet „Krankheit und Heilung" zu
vermitteln. Dabei lenkten wir unsere Aufmerksamkeit nur
auf äußere Krankheiten, das heißt auf physische Krankheiten, so wie sie im allgemeinen verstanden werden. Um das
Wesen „Krankheit" richtig zu erfassen, müssen wir uns jedoch fragen:

Was versteht man unter Krankheit? Ich verband Krankheit mit Disharmonie. Sie stellt einen Mangel an Gesundheit dar. Aber was ist Gesundheit?

Denke einmal über diese Frage nach:

Was ist Krankheit, was ist Gesundheit?

Du wirst erfahren, daß es noch wesentlich mehr Aspekte gibt, die zu beleuchten sind, und wir sollten uns das Gebiet „Geistige Heilung" nicht so einfach machen!

Was heißt eigentlich „Geistige Heilung"?

Wir müssen weiter fragen: Was verstehen wir unter „Geist"? Ist der Mensch in seinem derzeitigen Bewußtseinszustand überhaupt fähig zu erfassen, was „Geist" ist?

Wir meinen damit nicht das Denkprinzip (als Teil der Persönlichkeit), wie es im allgemeinen verstanden wird. Sondern wir bezeichnen damit den göttlichen Funken der Seele, die wiederum ein Ausdrucksorgan des Geistes darstellt. Hiernach trifft der Begriff „Geistige Heilung" für unseren heutigen Bewußtseinszustand nicht zu.

Man müßte einen anderen Begriff wählen, um auszudrücken, was der heutige Geistheiler bewirken will. Denn auch das Wort „Geistheiler" ist nicht eindeutig, da man darunter sowohl die Heilung von Geistern, als auch die Heilung des Geistes verstehen könnte. Letzterer braucht wohl keine Heilung mehr! Besser wäre: „Geistiger Heiler", um auszudrücken, daß man von geistigen Gesichtspunkten aus an die Heilung herangeht. Eine wirklich treffende Bezeichnung muß noch gefunden werden!

Wir können auch andere Unterteilungen des Menschen wählen. Wir wissen, daß der Mensch eine Dreiheit ist: Geist, Seele, Körper. Etwas klarer ausgedrückt:

Der Mensch ist eine Einheit – sollte sie wenigstens sein – von Geist, Seele und den dazugehörigen körperlichen Bereichen. Wir müssen uns aber erst der Bereiche bewußt werden und erkennen, daß es gilt, sie zu beherrschen. Nicht im negativen Sinne, sondern Beherrschung durch die Macht des Verstehens und durch die Macht der Liebe, durch das Erkennen der Gesetze, die in den einzelnen Ebenen wirksam sind.

So können wir sagen, daß wir bestenfalls von der Seelenebene aus heilen. Es sollte wenigstens unser Ziel sein, daß wir zu dieser hohen Ebene gelangen, von der aus wir die Seelenimpulse lenken können, damit wahre Heilung bewirkt werden kann.

Die Seele selbst ist in ihrer Anlage vollkommen und drängt danach, sich ihrer Vollkommenheit bewußt zu werden. Die Entwicklung des Menschen geht von einem unbewußten Vollkommenheitszustand durch alle Ebenen und Stadien der Bewußtwerdung hin bis zur bewußten Vollkommenheit.

Auf diesem Wege baut sie sich Bereiche (Körper) auf, wodurch sie am Leben auf den niedrigeren Daseinsebenen Anteil nehmen kann. Diese körperlichen Bereiche, die sich die Seele umlegt (wenn auch dieser Begriff nicht ganz der Tatsache entspricht), nennen wir Persönlichkeit.

Wir, als Erdenmenschen, haben einen großen Fehler begangen!

Wir haben uns mit diesen körperlichen Bereichen so stark identifiziert, daß wir das Bewußtsein für die göttliche Seele, die wir eigentlich darstellen, verloren haben. Wir leben in einem Persönlichkeitsbewußtsein, anstatt die Seele zu sein, die diese Persönlichkeit benutzt wie der Meister ein Werkzeug, um etwas entstehen zu lassen.

Wir können nicht von einem Tag zum anderen diese Bewußtseinsveränderung vollziehen, aus dem Persönlichkeitsbewußtsein in das Seelenbewußtsein. Wäre das möglich, würden wir augenblicklich über die Erfahrungen unserer bisherigen Inkarnationen und der Zeit unseres Verweilens in den geistigen Ebenen verfügen.

Wir müssen lernen, uns auf die Seele zu konzentrieren!

Wir müssen lernen, Kontakt zur Seele herzustellen!

Wir müssen lernen, uns die Intuitionsebene zu erschließen und dürfen der Persönlichkeit nicht den Platz einräumen, den sie gegenwärtig einnimmt. Sie steht heute im Mittelpunkt unsere Denkens und Lebens. Benutzen wir sie als Werkzeug, um den Reinigungs- und Bewußtwerdungsprozeß zu vollziehen!

Wenn gesagt wird:

Alles liegt latent in uns, so ist die Seele gemeint, die alles in sich trägt. Sie ist bemüht, die ruhende Vollkommenheit auf allen Daseinsebenen zu offenbaren, soweit es die einzelnen Bereiche zulassen. Jeder Mensch trägt alle Fähigkeiten in sich, ob er sich dessen bewußt ist oder nicht!

Wenn wir beginnen, Heilenergien auf Kranke zu übertragen, ist das eine von vielen verborgenen Fähigkeiten, die im Menschen ruhen.

Nicht der Mensch ist es, der heilt; er darf sich nur als Werkzeug verstehen.

Die Seele vermag wohl die Heilung ihrem Bewußtseinsgrad entsprechend zu bewirken. Wir können uns aber noch nicht als Seele erkennen, sondern nur als Persönlichkeit. Wir leben in diesem Bewußtsein und sind deshalb nur Werkzeug einer höheren Macht. Sind wir fähig, den Kontakt zur Seele aufzunehmen, so werden wir ihr bewußtes Werkzeug. Da wir diesen Kontakt noch nicht oder nur mangelhaft herstellen können, so werden wir als Persönlichkeit von anderen Wesen benutzt, die auf inneren Ebenen leben, und uns helfen, als Werkzeug brauchbar zu sein.

Die Impulse dieser Wesen sind wesentlich stärker dadurch, daß sie sich mental oder astral bewußt in den Daseinsebenen aufhalten; stärker als die Impulse, die wir von unserer eigenen Seelenebene aufnehmen können.

Als Persönlichkeit sind wir in jedem Fall nur das Werkzeug, ob die Impulse nun aus dem eigenen höheren Selbst kommen oder von anderen Wesenheiten.

Wir wollen aber im Laufe der Zeit lernen, die eigenen Seelenimpulse klarer aufzunehmen, durchzulassen und die Energien bewußt zu lenken. Das wird dem einen oder anderen leichter möglich sein.

Es können aber auch Schwierigkeiten dabei auftreten. Denken wir daran, daß unser Bewußtsein meist falsch gepolt ist. Deshalb sollten wir uns in Demut immer wieder darum bemühen, zu unserem höheren Sein Kontakt aufzunehmen. Dieser bewußte Kontakt ist notwendig, um die Heileraufgabe in größerem Umfang erfüllen zu können.

Unsere Seele will durch uns die Aufgabe des Heilens erfüllen! Solange aber die Aufnahme der Seelenimpulse mangelhaft ist, und wir selbst in uns noch einen Stau oder eine Fehllenkung von Seelenenergie finden, sind wir auf die Hilfe weiterentwickelter Wesenheiten der inneren Ebene angewiesen. Wenn wir auch lernen, bewußt mit den Energien umzugehen, so dürfen wir doch nicht vergessen, daß Gott die Quelle aller Gaben ist.

Sonnen wir uns nicht im Erfolg unserer Heiltätigkeit, sondern erkennen wir immer wieder, daß jeder Erfolg von der Gnade Gottes abhängig ist!

2. Brief

Lieber Strebender!

Viele Dinge muß der Heiler beachten, soll seine Heilkunst zum Erfolg führen. Das Bemühen um charakterliche Reinheit, die Tugend der Demut und die Liebe zur leidenden Menschheit sind Voraussetzungen, ohne die keine Heilertätigkeit aufgenommen werden sollte. Zu diesen Voraussetzungen sind jedoch noch weitere Fähigkeiten erforderlich, die wir im Rahmen dieser Briefreihe noch näher beleuchten wollen.

Meditation und Disziplin

Jede „Geistige Schulung" hat zum Ziel, dem Strebenden den Kontakt zu seiner eigenen göttlichen Seele zu ermöglichen. Mehr noch als der durchschnittliche Schüler sollte der angehende Heiler bestrebt sein, Seelenkontakt herzustellen. Wir haben am Ende des ersten Briefes über Seelenkontakt gesprochen und haben weiterhin beim Herausfinden der Krankheitsursachen erkannt, daß die letzte Ursache, wenn wir es so betrachten wollen, im Reich der Seele zu suchen ist. Um aber diese Ursachen erkennen und abstellen zu können, ist es erforderlich, Zugang zur Seele zu haben. Du mußt also lernen, Dich aus Deinem Persönlichkeitsbewußtsein herauszuheben, um Dich als Seele zu erkennen.

Vielleicht hast Du schon im Laufe der letzten Wochen versucht, die Persönlichkeitsebene hinter Dir zu lassen, um einmal ganz Seele zu sein. Wenn nicht, dann werden wir es im Laufe der Meditationsarbeit lernen. Das Bemühen muß da sein, Seelenkontakt herzustellen. Lerne darum, Dich als Seele zu fühlen und als Seele zu handeln. Gehe daran, Dich wenigstens einmal am Tag ins Seelenbewußtsein einzuschwingen. Verwende dafür folgenden Gedanken:

„Ich bin Seele."

Du kannst diesen Gedanken als Mantra verwenden und ihn ständig wiederholen. Wiederhole ihn jedoch langsam, etwa neunmal, und fühle bei jedem Mal, wie alles Ich-bezogene, Person-gebundene von Dir abfällt, und erlebe das daraus entstehende befreiende Gefühl. Am Anfang ist es wichtig, sich vorzustellen, man sei die Seele. Überblicke dann Dein tägliches Leben als göttlicher Zuschauer und erlebe, daß Du nicht der Gedanke, nicht das Gefühl und nicht der Körper bist, sondern diese Bereiche wie Werkzeuge benutzt, um auf dem physischen Plan wirksam zu werden. Sei Du aber stets die Seele, die über allem steht. Einmal am Tag zehn Minuten solltest Du diese Übung durchführen, solltest Du eintreten in Deine göttliche Seele.

Wir wollen nun eine weitere Übung besprechen, um das Konzentrieren der Energien zu erleichtern.

Der Heiler muß, um die Kopfzentren für die Energieübertragung brauchbar zu machen und um über einen Energievorrat zu verfügen, im Kopf ein Energiedreieck bilden. Dieses wird geformt, wenn man folgende Punkte mit einer Energielinie verbindet:

1. Den Medullapunkt, als Wurzel des Stirn-Zentrums mit
2. dem Punkt etwa drei Zentimeter vor der Stirn, vor der Mitte der Augenbrauen, auch als drittes Auge oder Ajna-Zentrum bezeichnet, und
3. zum Scheitel-Zentrum fünf Zentimeter über der Kopfmitte.

Man zieht dann die Energielinie zum Ausgangspunkt (Medullapunkt) zurück und erhält so ein Energiedreieck. Jeder bewußt Heilende muß sich um die Errichtung dieses Dreiecks bemühen. Es kann bei der Übung am Anfang im oberen Drittel des Kopfes eine leichte Spannung entstehen. Verursacht diese Spannung Schmerzen, oder bleibt sie längere Zeit nach der Übung bestehen, dann muß man beim Üben mit weniger Willenskraft herangehen. Die Spannung wird durch das Konzentrieren der Energien in dem Dreieck ausgelöst. Später reicht ein Gedanke aus, um in diesem Bereich Energien anzusammeln. Treten bei dieser Übung länger anhaltende Schwierigkeiten auf, oder neigt man dazu, im Kopf Energien zu stauen, dann müssen andere Übungen diese ersetzen. Die Heilenergien werden aus inneren Bereichen über das Energiedreieck durch jene Zentren geleitet, die für die Heilung erforderlich sind. Diese Übung löst die OM-Übung des vorherigen Briefes ab, und zweimal zehn Minuten Übungszeit sollten nicht überschritten werden.

Erst wenn Du den Kontakt zu Deiner eigenen Seele aufnehmen kannst, wirst Du fähig werden, Dich auf die Seele des Kranken zu konzentrieren, Dich mit der Seele des Kranken zu verbinden, um die wahren Krankheitsursachen zu erkennen. Ich weiß, Du hast in der Praxis nicht immer die Zeit und Möglichkeit, bis zur Seelenebene des

Kranken vorzudringen. Es sollte jedoch Dein Ziel sein, für umfangreiche Heilung zu sorgen, erst dann bist Du ein wahrer geistiger Heiler.

Seelenkontakt herstellen zu können, ist also eine Fähigkeit, um die sich der Heiler bemühen sollte.

Kommen wir nun zu einer weiteren Fähigkeit:

Beherrschung der Mentalebene

Der Heiler muß danach trachten, seine Mentalebene zu beherrschen. Im Augenblick der Energieübertragung muß er fähig sein, seinen eigenen Willen zum Schweigen zu bringen. Das ist ganz wichtig und bei der Übertragung der Heilenergien zu beachten. Du triffst die erforderliche Vorbereitung, damit Energien fließen können. Im Augenblick der Übertragung sollte aber in Deinem Gedankenbereich Stille herrschen. Solange der Heiler das Karma-Gesetz nicht übersehen kann, was nur wahren Meistern möglich ist, muß er seine Gedanken, während die Energien fließen, neutral halten können. Geht der Heiler mit seinem eigenen Willen an die Heilung, so können daraus karmische Bindungen entstehen.

Nie darf ein Mensch einen anderen gewaltsam durch seinen Willen zu beherrschen suchen! Du kannst die erforderlichen Voraussetzungen legen, nach denen Heilung erfolgen kann – so wie ein Arzt die Diagnose stellt, das Medikament verschreibt und es dem Patienten überläßt, das Medikament einzunehmen. Überlasse es aber den „Herren des Karma" und dem Kranken, das Mittel (die Energie) so zu verwenden, daß Heilung geschehen kann oder auch nicht, ganz nach den augenblicklichen geistigen Erfordernissen des Kranken.

Viel kann der menschliche Wille bewirken, denn er ist der fahle Schein des göttlichen Willens. Jeder muß jedoch die Wirkungen, die aus der Tat entstehen, bereit sein zu tragen und auch tragen können. Sie werden positiv sein, wenn der Wirkende im Einklag mit den göttlichen Gesetzen handelt; sie werden jedoch negativ sein, wenn die Tat eines der Gesetze verletzt.

Ferner ist die Beherrschung der Mentalebene erforderlich, damit die Gedankenkraft, als rechte Voraussetzung für eine Heilung, sinnvoll eingesetzt werden kann. Wo immer ein Gedanke sich manifestiert, folgt ihm die entsprechende Energie. Ich betone, daß die Gedankenkraft im Heilungsprozeß mit eingesetzt werden kann. Ich meine damit aber nicht, daß dem Gedanken eine Willensenergie als tragende Kraft zugrunde gelegt werden soll. Der Heiler darf sich mit Hilfe seiner Gedankenkraft ein mentales Bild vom Verlauf der Heilung erschaffen, das ist für das rechte Anziehen der Heil-Energien erforderlich, er darf aber das Bild nicht willentlich dem Heilungsuchenden aufprägen, um dadurch die gewünschte Veränderung zu erzwingen. Er darf die Kraft nicht willentlich in den Kranken hineinstrahlen, sondern darf sie nur anbieten. Der Kranke selbst muß sich öffnen, um die Energien in sich hineinzulassen. Es ist sehr wichtig, daß Du diesen Aspekt des rechten Einsetzens der Gedankenkraft und des Ausschaltens des Willens verstehst, um keine negativen karmischen Bindungen durch Dein Wirken hervorzurufen.

Wer sein Denken im Lichte hält,
wird positive Wirkungen erzeugen.
Wer es durchtränkt
mit seinem eigenen Willen,
schafft Bindungen
auf der Ebene der Persönlichkeit.

Wenn ich sage, daß das Denken im Licht gehalten wer
den soll, so meine ich damit „im Licht der eigenen göttli·
chen Seele". Ist das nicht möglich, so muß man bemühı
sein, das Denken nach dem göttlichen Willen auszurichten
Es geht nicht darum, das Wirken nach eigenem Wollen und
Wünschen zu gestalten, denn dann wird das Denken nicht
im Licht gehalten.

Positive Wirkungen entstehen dort, wo sie der aufsteigenden Seele dienlich sind, der Seele, die nach Bewußtwerdung drängt. Die Heilung physischer Leiden muß nicht im
Einklang mit dem Bestreben der Seele stehen. Oft trachtet
man nur nach äußerer Harmonie, nach äußerer Gesundheit, ohne zu erkennen, daß es um die innere Harmonie,
die innere Gesundheit geht. Man mißt den Grad seines Wir-
kens nicht nach äußeren Erfolgen. Die wahren Wirkungen
sollen sich innerlich vollziehen, dort, wo das Auge keinen
Zugang hat.

Folgender Gedanke gilt als eines der wichtigsten Gebote
für den Heiler und sollte immer einen wesentlichen Platz
im Mentalbereich einnehmen:

„Der Heiler dient dem aufsteigenden Leben
und nicht der Form,
durch die sich das Leben offenbart."

Alles, was dem nach Bewußtwerdung strebenden Leben dient, sollte der Heiler studieren. Es kann die Heilung einer Krankheit dienlich sein – oder ihr Weiterbestehen. Eine weitere positive Wirkung kann auch in der Befreiung des Lebens aus der Form bestehen. Wir nennen diesen Prozeß „Tod".

- „Heile, um dem Leben zu dienen,
- heile jedoch nicht,
- indem du der Form (der Persönlichkeit) dienst."

„Das Wesen der Seele ist Liebe,
und nur die Liebe vermag zu heilen."

Es ist damit nicht die Liebe gemeint, die sich im Astralbereich bewegt, sondern die Liebe der Seele ist durch die Weisheit erhöht. Liebe ohne Weisheit wird zur Leidenschaft, zu einem Aspekt, der Leiden schafft. Liebe verbunden mit Weisheit wird immer dem Leben als Ganzem dienen und befindet sich immer im Einklang mit dem göttlichen Willen. Man muß sich die beiden Aspekte der Liebe vergegenwärtigen, um die gottgewollte Liebe im Heilungsprozeß einsetzen zu können.

Da der Heiler sich bei der Lenkung der zur Heilung erforderlichen Energien auf ganz bestimmte Zentren konzentrieren muß, liegt auch hier wieder ein Grund, die Mentalebene beherrschen zu müssen. Ist die Konzentration auf die entsprechenden Energieübermittler nicht ausreichend, geht ein nicht unerheblicher Teil der Energien verloren. Dadurch wird der Heilungsprozeß unter Umständen in Frage gestellt. Lerne darum, Dich auf einen Gedanken ganz zu konzentrieren und vermeide jede Zerstreuung!

Auch in Deinen täglichen Pflichten mußt Du lernen, konzentriert zu arbeiten und die begonnene Arbeit bis zum Ende durchzuführen. Man lasse sich nicht von der Arbeit ablenken. Es müssen die zur Arbeit erforderlichen Sinne eingesetzt werden, alle anderen Bereiche und Sinne müssen im Zustand der Ruhe gehalten werden.

Geduld, oh übe Geduld, und erhebe sie zu einer heiligen Tugend!

Du wirst durch Ungeduld nicht ein Atom Energie mehr anziehen. Eine derartig unruhige Haltung überträgt sich nur auf den Kranken und hemmt den Heilungsprozeß. Was mit der Tugend der Geduld nicht bewirkt werden kann, kann die Ungeduld auch nicht herbeiziehen. Je geduldiger man ans Werk geht, desto wirksamer das Bemühen. Die Ungeduld zerstreut die Energie, Geduld sammelt sie. Geduldig und beharrlich in der Verfolgung des Zieles, so wirkt sich ein starker Wille aus. Die Ungeduld schwächt Dich und den, der bei Dir Heilung sucht.

Du siehst einmal mehr, wie groß die Verantwortung dem Kranken gegenüber ist. Man erkennt, wie wichtig es ist, erst in sich Harmonie und Ausgeglichenheit herzustellen, bevor man sich dem Heilungsuchenden zuwendet.

Der Ätherkörper

Jede Form ist von einem Energiebereich durchdrungen, dieser ist Träger und Verursacher der Form, strahlt über diese hinaus und bildet um die Form eine sogenannte Aura. Der physische Bereich bildet sich nach dem Vorbild, dem Ätherbereich, und dieser trägt die Lebensessenz in sich. Der Energie- oder Ätherkörper besteht aus feinen Energiefäden, die an ihren Kreuzungspunkten kleinere oder größere Energiezentren bilden. Es kann auch gesagt werden, der Ätherkörper enthält feinstoffliche Äthersubstanz.

Das Bewußtsein der heutigen Menschen ist hauptsächlich auf die physische und auf die Gefühls- oder Astralebene konzentriert. Die lebensformenden Energien des Ätherkörpers sind jedoch meistens unbekannt. Schwingungsmäßig, das heißt von der Schwingungsfrequenz her, befindet sich der Energiebereich zwischen dem physischen und astralen Bereich. Je reibungsloser der Energiefluß sich von der Mental- und Astralebene über den Ätherkörper in die physische Ebene vollzieht, desto weniger anfällig ist der materielle Körper für Krankheiten. Um aber einen harmonischen Austausch der Energien zu gewährleisten, muß streng darauf geachtet werden, daß kein Energiestau entsteht. Besonders gefährdet sind die Verbindungsstellen zwischen den einzelnen Lebensträgern. Wir wollen uns jedoch zuerst mit dem Ätherkörper selbst und den Energiezentren beschäftigen, um dann die Krankheitsursachen in diesem Bereich aufzuzeichnen.

Zuerst sollte man folgendes unterscheiden:

Von Energie wird gesprochen, wenn es sich um höhere kosmische Einstrahlungen handelt, die sich frei im ätherischen Raum der Erde befinden oder vom Reich der Seele in die Bewußtseinsträger der niederen Formen einfließen. Ferner spricht man von Energien, wenn sie aus planetarischen Quellen der einzelnen Daseinsebenen entspringen.

Als Kräfte bezeichnet man jene Energieformen, die durch das Denken und Fühlen der Menschen mit einer ganz bestimmten Qualität versehen sind. Energien wirken sich positiv aus, wenn der betreffende Mensch, der unter ihre Einstrahlung kommt, harmonisch dem aufgezeichneten Entwicklungsprozeß folgt. Das heißt: Ist der einzelne oder die gesamte Menschheit bereit, sich von dem abzuwenden, was den Entwicklungsprozeß behindert, und ist man bereit, sich dem ständig erforderlichen Wandel zu unterziehen, dann wirken sich die kosmischen Energien segensreich aus. Hält man jedoch an dem fest, was zur Auflösung reif ist, was es abzustreifen gilt, dann entsteht in dem Bereich, in dem die Ursache liegt, Disharmonie, die sich auch auf die darunterliegenden Formbereiche auswirkt. Hier verfolge man das Gesetz: Wie innen, so außen. Schließt sich der einzelne vom vorgeschriebenen Entwicklungsprozeß aus, dann stellt er eine Quelle der Disharmonie auch für seine Umgebung dar. Gebraucht er die ihm zufließenden Energien zur Erfüllung seiner selbstsüchtigen Wünsche, so ist er ebenfalls Verursacher von Disharmonien.

Die Menschheit steht, je nachdem welcher Teil des Entwicklungsplanes zur Auswirkung gebracht werden soll, unter ganz spezifischen Energieeinstrahlungen, denen sich keiner entziehen kann. Wir können noch wesentlich länger bei dem Thema „Energie" verweilen, denn sie ist maßgebend für die gesamte Entwicklung des Universums, dennoch reichen die dargelegten Gedanken erst einmal aus, um die Aktivität des Mentalbereiches anzuregen.

Wenden wir uns nun dem Wesen der Kräfte zu:

Kräfte können sich positiv und negativ auswirken, und die Art ihrer Wirkung hängt von demjenigen ab, der Energien in Kräfte umgewandelt hat und von jenem, der die Kräfte aufnimmt. Die Schwingungsfrequenz der Kräfte hängt von der Grundschwingung des Aussenders ab. Besonders der Heiler muß darauf achten, welche Grundschwingung die Kräfte haben, die von ihm ausgehen. Der

100

geistige Reifegrad ist dafür besonders entscheidend. Positiv wirken sich die Kräfte aus, wenn die Absichten des Übermittlers rein und selbstlos sind. Ob der Empfänger die Wirkungen dann als positiv empfindet oder nicht, hängt von dem Grad seines Erkennungsvermögens ab. Als positiv wird eine Wirkung bezeichnet, wenn sie dem Entwicklungsprozeß dient. Die Wünsche des Empfängers müssen damit nicht in Einklang stehen. Negative Wirkungen zeigen sich dort, wo der Aussender aus ich-bezogenen, selbstsüchtigen oder zersetzenden Motiven heraus handelt. Auch hier gilt das gleiche, ob der Empfänger diese Wirkungen positiv oder negativ empfindet, spielt dabei in erster Linie keine Rolle.

Bei jeder Kraftübertragung muß der Aussender streng auf die Reinheit seiner Motive achten, aber auch auf die Reinheit seiner inneren Bereiche. Jede negative, den anderen, vom Evolutionsplan aus betrachtet, hemmende Auswirkung bindet den, der die Kraft überträgt, an jenen, der die Kraft empfängt. Die Grundschwingung der im Ätherkörper kreisenden Energien und Kräfte hängt vom augenblicklichen Entwicklungsgrad und von der Reinheit der Motive des betreffenden Menschen ab.

Heilmethoden

Wir wollen jetzt noch ein paar Gedanken zur Aura folgen lassen, soweit es die Aura des Heilers betrifft.

Man muß wissen, daß die Ausstrahlung des Heilers immer stärker sein muß als die des Heilungssuchenden. Das kann nicht stark genug betont werden, und ich wiederhole deshalb noch einmal:

Die Ausstrahlung des Heilers
muß immer stärker sein
als die des Heilungsuchenden,
dem Gesetz folgend,
daß das Stärkere das Schwächere beeinflußt!

Das heißt, wenn Du heilen willst, muß demnach Deine Ausstrahlung intensiver sein als die des Kranken.

Deine Grundschwingung kannst Du nur durch ständiges Arbeiten an Dir selbst erhöhen. Bedenke bitte, daß eine starke Ausstrahlung nicht zu verwechseln ist mit einer in der Grundschwingung hohen Ausstrahlung. Man kann durch einige Übung seine Ausstrahlung verstärken; das hat aber noch nichts mit geistigem Fortschritt zu tun. Du muß besorgt sein, daß Deine Aura sich derart ausdehnt, daß Du jeden Heilungsuchenden in Deine Ausstrahlung hineinnehmen kannst und sein Leiden schon durch Deine bloße Anwesenheit gemildert wird.

Diese Art der Übertragung von Heilkräften kann man als Heilung über die Aura bezeichnen.

Wir werden im Laufe der Zeit alle Heilmethoden betrachten, und Du wirst Dich darin üben, um dann herauszufinden, welche Heilmethode für Dich die geeignete ist, um den leidenden Menschen zu helfen.

Sorge für eine harmonische Ausstrahlung, indem Du Deine Gedanken, Gefühle und Worte im Zaum hältst. Jede unruhige Ausstrahlung mindert den Heilerfolg. Strahle Ruhe und Güte aus; sei liebevoll und bemühe Dich um das Wohlergehen anderer. Sorge Dich nicht um Deine eigenen Belange, wie Du ohnehin jede sorgenvolle Schwingung aus Deinem Bereich verbannen mußt. Wisse auch, daß jeder Zweifel eine zersetzende Schwingung in sich trägt.

Das gilt für Dich wie für den Heilungsuchenden. Wer mit zweifelnden Gedanken an einen Heilungsprozeß herangeht, kann keinen Heilerfolg erfahren. Du selbst mußt wissen, daß der Heilungsuchende von seiner Krankheit befreit werden kann, wenn es das Karma-Gesetz zuläßt, und Du mußt Dich bemühen, dem Kranken zu helfen, ebenfalls jede zweifelnde Schwingung aus seinem Gedankenbereich zu entfernen. Erkenne jede Heilung als Gnade, und sei demütig in Deinem Wirken. Wer Harmonie und Licht verbreiten will, muß zuvor selbst ein Zentrum von Harmonie und Licht werden.

Konzentriere Dich darauf, wenn immer es Dir möglich ist, daß Du Licht ausstrahlst!

Nach einem Monat intensiver Übung sollte es Dir gelingen, Dich überall auf das Ausstrahlen von Licht zu konzentrieren. Wir arbeiten mit dieser Übung weiterhin an der Verstärkung Deiner Ausstrahlung, und wenn Du Dich auf das Licht konzentrierst, wirst Du erkennen, daß sich Deine Aura automatisch auszudehnen beginnt, und es sollte nun keine besondere Vorkehrung dafür erforderlich sein; ein Gedanke an das Aussenden von Licht sollte Deine Aura zur verstärkten Strahlung veranlassen. Übe es am Arbeitsplatz, auf der Straße, beim Einkaufen, zu Hause; ob in Gesellschaft oder alleine, überall solltest Du Zeit finden, diese Lichtkonzentration durchzuführen. Nutze jede Gelegenheit, Dein Licht strahlen zu lassen. Du wirst so zu einem Zentrum von Licht, Energie und Kraft werden. Du mußt es immer im Gedächtnis behalten, daß Du ein Zentrum von Licht, Energie und Kraft bist. So sollst Du zu eigenem Nachenken angeregt werden. Vieles wird nur kurz beleuchtet, damit Du Dein eigenes Licht in jene Richtung lenkst, aus der das Wissen kommt. Das eigene Denken soll angeregt werden, denn Trägheit führt Dich nicht zum Ziel.

Deine erwählte Aufgabe wird Dir wenig Zeit zur Trägheit lassen; darum gewöhne Dich beizeiten daran, die Dir gegebenen Kräfte zu nutzen.

Kommen wir nun noch einmal zurück auf die Ausstrahlung von Heilenergien, Heilkräften über die Aura.

Es handelt sich bei Heilern, die die Aura zur Übermittlung der Heilenergien benutzen, um Menschen, die eine sehr starke, die Harmonie fördernde Ausstrahlung besitzen. Sie haben ein intensives Verlangen, den Menschen zu helfen. Sie besitzen ebenso eine starke Willenskraft, und das Gefühl steht bei dieser Heilung im Vordergrund. Wer eine starke Ausstrahlung besitzt und über sie Heilkräfte weitergeben kann, hat bereits die Aufgabe, heilerisch tätig zu werden, mitgebracht. Derartige Heiler stehen in einem starken Energiestrom; sie verfügen über einen Energievorrat, der schier unerschöpflich scheint. Sie brauchen sich nicht darauf zu konzentrieren, daß sie heilen möchten, sondern ihre bloße Gegenwart kann einen Heilungsprozeß auslösen. Meist besitzen diese Menschen eine innige Verbindung zu Gott, zu Christus, so daß sie die Schöpferkraft durch sich fließen lassen können oder sich mit Christus, mit seinem Heilstrom identifizieren; ihnen ist ebenso eine große Liebe zur leidenden Menschheit zu eigen; sie fühlen sich nur dann glücklich, wenn sie anderen Menschen helfen können, und jeder, der in ihre Nähe kommt, befindet sich in dem Strom heilender Kräfte. Sie sind, ohne sich besonders darauf zu konzentrieren, ein starkes Energiezentrum. Wenn wir diese Menschen und ihre geistige Umgebung betrachten könnten, so würden wir erkennen, daß sie sich schier in einem Lichtmeer befinden. Ihre Aura kann mehrere Meter umfassen, und der Kranke fühlt sich in der

Gegenwart eines derartigen Heilers geborgen, seine Schmerzen lindern sich, noch ehe der Heiler einen Gedanken darauf verwendet hat, die Heilenergien dem Kranken zu übermitteln. Im Laufe der Entwicklung sollte jeder geistige Heiler dazu fähig werden, die Heilenergien auch und in jedem Augenblick über seine Aura auszustrahlen. Diese Menschen, die in einem starken Energiestrom stehen, sind angeschlossen an eine Quelle, und sie fühlen, daß nicht sie es sind, die heilen, sondern daß es die Kraft ist, die durch sie fließt, daß es Wesenheiten sind, die auf der inneren Seite dazu berufen sind, der leidenden Menschheit zu helfen, und diese Energiequelle wird nur dann versiegen, wenn der Heiler von dem Lichtpfad abweicht und den linken Pfad wählt, und sie versiegt ebenfalls, wenn der Heiler durch physischen Tod seinen Körper aufgibt. Es können bereits Kinder auf diese Weise heilen. Man kann aber auch bewußt diese Heilmethode anwenden, seine Aura, wie schon beschrieben, erweitern, um dann bewußt, und in späterer Zeit dann auch unbewußt, über diese Aura zu heilen. Menschen, die an einen solchen Heiler denken, können durch ihre Gedanken die Heilenergien von dem Heiler anziehen und, auch ohne Kontakt zum Heiler aufzunehmen (Kontakt ist hier auf der physischen Ebene gemeint), gesunden. Das heißt, der Heiler braucht sein Bewußtsein nicht auf den Kranken zu lenken, um einen Heilungsprozeß einzuleiten. Diese Heiler arbeiten meist unbewußt, und wenn sie sich ihrer Heilfähigkeit bewußt werden, sind sie geneigt, auch die Hände als Übermittler von Heilenergien zu verwenden.

Bei allen Bemühungen zu heilen muß bedacht werden, daß immer das Karma-Gesetz mit eingeschaltet ist, und daß es darauf ankommt, ob der Heilungssuchende kraft des Karma-Gesetzes die Heilenergien aufnehmen kann.

Ein Heiler hat sich auch im Vorleben in heilerischer Art betätigt und so diese Veranlagung in dieses Leben mitgebracht. Es kann aber auch ein starker Wunsch im Vorleben bestanden haben zu heilen, und da jeder Gedanke die entsprechenden Energien anzieht, muß sich der Wunsch gemäß dem Gesetz erfüllen. So kann man sagen, daß der Heiler die Fähigkeit zu heilen als positives Karma aus seinem vorigen Leben mitgebracht hat. Es gibt aber, wie wir gesehen haben, die Möglichkeit, durch Verstärkung der Ausstrahlung und durch Konzentration auf Harmonie eine derartige Heilfähigkeit auch erst in diesem Leben zu erwerben.

Liebe zur leidenden Menschheit und selbstloses Dienen sind die Voraussetzungen, daß man über die Aura heilen kann.

Die Fernheilungen können durch diese Art von Energieübertragung bewirkt werden; wir werden aber auch sehen, daß wir über die Ausstrahlung mittels der Hände ebenfalls fernheilen können. Den größten Vertreter dieser Art des Heilens sehen wir in Harry Edwards. Auch er verfügte über ein Energiereservoir, das für uns schier unerschöpflich schien. Viele Menschen, die ihm geschrieben haben, wurden geheilt, noch ehe die Post den Empfänger erreichte.

Lerne darum, Deine Aura als Übermittler von Heilenergien zu gebrauchen. Du kannst dann heilend auf Pflanzen, Tiere und Menschen wirken, ohne Dein Bewußtsein in den Heilungsprozeß einzuschalten.

Wir wollen in diesem Rahmen kurz einmal die Fernheilung betrachten und aufzeigen, was dabei beachtet werden muß.

In meinen eigenen Bemühungen, heilend auf andere einzuwirken, habe ich erfahren, daß es gut ist, wenn möglich,
vor einer Fernbehandlung einen direkten Kontakt mit dem
Heilungssuchenden herzustellen. Man kann sagen, daß
man dadurch eine aurische Verbindung schafft, die nicht in
erster Linie der Heiler benötigt, um seine Heilkräfte auszustrahlen, sondern der Heilungsuchende kann durch diesen
einmaligen persönlichen Kontakt sich leichter auf den Heiler einstellen, um seine Energien zu empfangen. Bei der
weiteren Fernbehandlung hat es sich als gut erwiesen, mit
dem Kranken einen zeitlichen Termin auszumachen, an
dem man sich zwecks Übertragung der Heilkräfte auf den
Kranken einstellt. Man kann täglich, oder besser zwei bis
dreimal in der Woche, eine Übertragung von Heilenergien
vornehmen. Um in der Praxis einen besseren Erfolg zu haben, hat es sich als gut erwiesen, sich von dem Kranken ein
Photo oder etwas Handgeschriebenes geben zu lassen. Der
Heiler stellt sich dann auf den Kranken zur vereinbarten
Zeit ein, versucht, ihn mit geschlossenen Augen so lebhaft
vor sich zu sehen, als säße er ihm unmittelbar gegenüber.
Man kann, wenn man ein Bild besitzt, möglichst ein Por-
trait, wo der Kranke von vorn zu sehen ist, seine Hände auf
das Bild legen und sich lebhaft vorstellen, wie die Heilenergien zum Kranken fließen, von ihm aufgenommen werden
und einen Harmonisierungsprozeß auslösen. Man kann
auch das Stirn-Zentrum des Kranken benutzen; dann legt
man seinen Daumen, der der stärkste Ausstrahler von
Energien ist, auf das im Bild mitten zwischen den Augenbrauen befindliche Zentrum des Kranken und stellt sich
vor, daß der Kranke über dieses Zentrum die Energien aufnimmt, und sie durch den ganzen Körper dorthin fließen,
wo Heilung erforderlich ist. Je lebhafter der Heiler das

Übertragen von Energien bei der Fernbehandlung erlebt, desto sicherer werden sie auch beim Kranken ankommen. Der Kranke wiederum soll zur festgesetzten Zeit sich an einem ruhigen Ort befinden und sich nur auf das Empfangen von Heilkräften einstellen. Er kann, wenn man es vorher vereinbart, sich auf das Stirn-Zentrum konzentrieren und fühlen, wie die Energien einfließen, durch seinen ganzen Körper strömen und Heilung bewirken. Er kann dabei sitzen oder liegen, ganz wie er sich am besten entspannen kann. Es ist dabei gut, wenn er zuvor eine Kerze anzündet, ein kurzes Gebet spricht und sich dann in den Willen Gottes hineingibt.

Ob durch eine derartige Fernbehandlung eine Heilung eintreten kann oder nicht, richtet sich vor allen Dingen nach den karmischen Gegebenheiten und nach dem intensiven aber demütigen Verlangen des Kranken, gesund zu werden. Heilungsuchende haben mir berichtet, wie sie die Heilenergien, das Aufnehmen der Heilkräfte empfunden haben, und das kann sehr unterschiedlich sein, deshalb ist es nicht ratsam, dem Heilungsuchenden zu sagen, daß er dieses oder jenes beim Aufnehmen der Kräfte empfinden muß. Er konzentriert sich dann zu stark auf das Empfinden und kann dadurch unter Umständen das Einfließen der Energien verhindern. Der Heiler selbst muß eine Haltung tiefen Vertrauens einnehmen, daß seine Bemühungen dem Gesetz entsprechend Wirkungen hervorrufen. Es ist aber auch, wie vorher berichtet, möglich, daß nur der Kranke sich auf den Heiler einstellt, um dann Heilenergien anzuziehen. Das muß ein jeder selbst herausfinden, in welcher Art die Wirkungen am besten erzielt werden können.

Bei einem handgeschriebenen Brief, wie der Heiler ihn ja oft bekommen wird, nimmt man diesen Brief und

108

strahlt über die Hände die Energien auf ihn aus, im Bewußtsein, daß der aurische Faden die Energien dorthin leitet, wo sich der Schreiber des Briefes befindet. Es ist dabei nicht erforderlich, daß der Heiler genau den Ort kennt, wo der Kranke sich aufhält. Alles, was wir berühren, wird von unserer Ausstrahlung durchdrungen; wir lassen gewissermaßen eine Spur an jedem Gegenstand, den wir berühren, an jedem Ort, an dem wir uns einmal aufgehalten haben, und wir könnten den Weg bis zur Geburt zurückverfolgen, allein durch die Od- oder Auraspur, wenn wir sie sehen könnten. So findet also die Energie durch den handgeschriebenen Brief oder durch einen Gegenstand, den der Kranke getragen hat, den Weg zum Kranken, und dieser kann wiederum die Energien aufnehmen.

Stelle aber jede Heilung, ob eine direkte oder eine Fernheilung, immer unter den Willen Gottes. Er allein weiß, was dem Heilungsuchenden zu seiner geistigen Entwicklung gut tut und was ihn beim geistigen Gehen behindert. Immer muß das Vertrauen vorhanden sein, daß die Heilung erfolgt, wenn das Gesetz es zuläßt. Je lebhafter der Heiler die Energieübertragung erfährt, je lebhafter er sich vorstellt, wie die Heilkräfte die gewünschten Wirkungen hervorrufen, desto besser der Erfolg.

Wenn wir uns zum Schluß noch einmal den Krankheitsursachen zuwenden, so wollen wir einmal den Ätherkörper betrachten, der für viele physische Krankheiten verantwortlich ist, und es ist gut zu wissen, daß die Energien, die im Ätherkörper kreisen, aus drei verschiedenen Richtungen kommen:

Erstens aus den beiden körperlichen Bereichen, astraler und mentaler Art, zweitens fließen Energien aus dem Seelenbereich über den Ätherkörper in den physischen Be-

reich ein, und drittens nimmt der Mensch über den Ätherkörper Energien aus seiner Umwelt auf.

Es ist gut, sich einmal darüber Gedanken zu machen,
welche Schwierigkeiten entstehen, wenn die Energien
nicht frei fließen können, betrachte dabei einen Energiestau und ein zu starkes Übermitteln von Energien aus dem
ätherischen in den physischen Körper.

3. Brief

Lieber Strebender!

Wir wollen heute einmal Deine Beziehung zum Kranken betrachten. Solange Du Dich auf die Unvollkommenheit konzentrierst, wirst Du sie kaum überwinden können. Erst wenn Du lernst, das Vollkommene hinter dem Unvollkommenen zu erkennen, wird es Dir gelingen, die erforderlichen Energien anzuziehen und zu übermitteln, die der Vollkommenheit zur Offenbarung verhelfen. Wenn Du Dich selbst in Disharmonie befindest, das heißt, wenn Deine Persönlichkeit nicht in Harmonie schwingt, wenn Du krank bist, dann muß Harmonie und Gesundheit Dein Denken beherrschen, nur so kannst Du zum Lösen der Disharmonie beitragen. Wenn Du Deine Aufmerksamkeit auf die Krankheit lenkst, Dich in diesem Zustand bedauerst, so ziehst Du krankheitserhaltende Energien an. Nur wenn Du es gelernt hast, das Vollkommene auch im unvollkommenen Zustand im Bewußtsein zu behalten, nur wenn Du es gelernt hast, Deine Gefühle über den krankhaften Zustand zu erheben, kannst Du bewußt und verstärkt die Disharmonien beseitigen. Es muß Dir dabei gelingen, auch wenn Deine Persönlichkeit, auch wenn Dein Körper krankt, Dich im Innersten in einem harmonischen Zustand zu halten. Du wirst bemerken, daß die Krankheit schneller überwunden werden kann, daß Du selbst dazu beitragen kannst, und daß Du den schmerzhaften, disharmonischen Prozeß nur am Rande wahrnimmst. Auch solltest Du den, der bei dir Heilung sucht, aufklären und bemüht sein, in ihm selbst eine derartige Haltung hervorzurufen. Du selbst mußt im Geiste den Menschen gesund sehen, dann wirst Du ihm auch helfen können. Wisse, daß der Heilungsuchende im Augenblick, wo er bei Dir ist, sich ganz in Deine Hände gibt, und dementsprechend wie Du ihm begegnest, wird sich auch sein Zustand ändern. Sei fröhlich in deinem Wirken, und laß Dich nie von den krankmachenden, depressiven Kräften des Heilungsuchenden beeinflussen. Du wirst hier erkennen, wie wichtig es ist, eine starke Ausstrahlung zu besitzen. Du darfst den Menschen nur in seiner Vollkommenheit sehen und mußt bereit sein, die Flecken auf dem Kleid seiner Persönlichkeit mit der Kraft göttlicher Liebe zu entfernen. Krank ist nur die Persönlichkeit, nicht der Geist, der des Menschen wahre Natur ist. Du wirst eine derartige Denkweise nur schwer vom Kranken verlangen können, Du selbst solltest Dir aber dessen bewußt sein, daß der wahre Mensch gesund ist, und daß die Hüllen, die sich das höhere Selbst umgelegt hat, gleich dem Kleid, das Du trägst, schmutzig werden können, und dieser schmutzige Zustand wird dann als Krankheit wahrgenommen. So sollte das Leid des anderen Dich aufrufen, ihm zu helfen. Begehe aber nie den Fehler, selbst mitzuleiden, denn wenn Du nicht stark genug bist, den krankhaften, depressiven Kräften zu widerstehen, wenn Du sie allzu stark in Deinen Gefühlsbereich aufnimmst, mitleidest, wirst Du dem Kranken kaum helfen können. Deine Begegnung mit dem Heilungsuchenden muß auf der Ebene der göttlichen Seele stattfinden, jenem höheren Selbst, das frei von Krankheit ist. Darum ist es erforderlich, den Kontakt zur Seele herzustellen, damit die Persönlichkeit nicht von den krankhaften Schwingungen beeinflußt werden kann, denn auf der

Ebene der göttlichen Seele herrscht nur Reinheit, nur Vollkommenheit, und wenn Du mit dem Kranken sprichst, so lasse Deine Seele durch Deine Persönlichkeit zu ihm sprechen. Erhebe Dich über den Zustand der Persönlichkeit, sei der alles überblickende Beobachter, und gib dem Kranken, was er braucht, um geistig zu gesunden. Wenn Du diese Ebene erreichen kannst, so wirst Du bemerken, daß allein Dein Wort schon Linderung beim Kranken bewirkt. Laß Dich nie durch das Leid des anderen in Deiner Schwingung herabziehen, und laß Dich auch nicht drängen, Dich für einen bestimmten Kranken besonders einzusetzen, denn Du mußt immer bereit sein, Dein Möglichstes für die Linderung des Leides zu bewirken, ohne Ansehen der Person. Es wird oft vorkommen, daß man Dich drängt, daß man Dich bittet, daß man immer wieder zu Dir kommt, Du mögest Dich doch besonders für diesen oder jenen einsetzen. Wenn Du diesem Drängen nachgibst, wirst Du aus Deinem harmonischen Zustand herausfallen, wirst Du nicht mehr frei wirken können; dann wird es Dein Wille sein, der die Heilung bewirken will und nicht der Wille Gottes, der allein dann wirksam werden kann, wenn Dein Wille sich schweigend dem Willen Gottes unterordnet. Jeder ist dem Himmlischen Vater gleich lieb, wie könnte ER je eines seiner Kinder bevorzugen! So sollte auch Deine Einstellung in gleicher Liebe zu allen sein!

Es besteht eine große Versuchung, Menschen, die einem sehr lieb sind, besonders dienen zu wollen, und oft haben geistige Heiler es erfahren, daß sie zwar anderen Menschen helfen konnten, bei ihren eigenen Familienmitgliedern jedoch machtlos waren. Hier sollte die Demut des Heilers geschult werden, hier sollte er lernen, in gleicher Liebe für alle da zu sein und demütig anzunehmen, wenn eines seiner Lieben nicht die gewünschte Heilung erfahren kann. Es spielt dabei die Art der Ausstrahlung eine wesentliche Rolle; wir haben durch die enge Berührung mit den Familienmitgliedern eine Durchdringung der Ausstrahlung, so daß wir zu stark mitfühlen und dadurch nicht in einer objektiven Haltung verbleiben können, die nun einmal zur Heilung erforderlich ist. Wir verfallen in den subjektiven Zustand, heilen zu wollen um jeden Preis, nur weil man den Menschen besonders gerne hat. Erwirb Dir deshalb von Anfang an eine objektive Haltung und bedenke, daß es nicht nach Deinem Willen geht, willst Du frei vom Wirken bleiben und Dich nicht karmisch binden.

Es kommen die Menschen zu Dir, um geheilt zu werden; denke stets daran, daß nicht nur der physische Körper krankt, sondern dieser nur das äußere Zeichen innerer Disharmonien darstellt. Wenn Du nur den Körper heilst, bist Du kein wahrer Heiler.

Der Heiler ist zugleich auch ein Lebensberater, ein geistiger Lehrer für die Kranken. Das darf nie vergessen werden!

Du hast demnach in Deiner Aufgabe, heilerisch tätig zu sein, nicht nur die Aufgabe, das physische Leid zu beseitigen, die astrale oder mentale Krankheit zu überwinden, sondern Du solltest Dich auch verantwortlich dafür fühlen, daß Ursachen für ähnliche Krankheiten nicht mehr gelegt werden. Du bist berufen, die Not auf allen Ebenen lindern zu helfen, nicht nur auf der physischen. Wie kann man von wahrer Heilung sprechen, wenn die Ursachen des Leides nicht erkannt und abgestellt werden; und suche die Ursachen nicht nur auf der physischen Ebene, nicht nur beim Kranken selbst, sondern beziehe auch seinen Lebensraum mit ein, seine Umgebung, die Menschen, mit denen er

Kontakt hat, dann sorgst Du für umfassendere Heilung, und wir werden später auch auf die Ursachen der Krankheiten in der Umgebung des Kranken eingehen.

Sei Heiler, Lebensberater
und geistiger Lehrer zugleich!

Und denke einmal über dieses dreifache Wirken nach! Sie stellen drei Aspekte einer Tätigkeit dar.

Wir haben die Beziehung des Heilers zum Kranken betrachtet. Beleuchten wir nun einmal die Beziehung des Kranken zum Heiler.

Der Heilungsuchende fühlt sich immer hilflos, schwach und mit seinem Leid allein gelassen. Vermittle ihm das Gefühl der Geborgenheit, verstehe ihn und teile ihm Dein Verständnis für seine Sorgen mit, ohne ihn aber in seinem Leid zu unterstützen. Sage ihm, daß er sich selbst heilen muß, und Du ihm bei dieser Heilung helfen willst. Das ist sehr wichtig, damit der Heilungsuchende nicht in ein Abhängigkeitsverhältnis zu Dir gelangt; stelle ihn auf eigene Füße, richte ihn auf die Heilkraft aus, die in ihm selbst ruht, und biete ihm nur Deine Hilfe an. Versprich ihm jedoch nicht die Heilung, so sehr er Dich vielleicht auch darum bittet.

Zum geistigen Heiler kommen oftmals Menschen, denen andere Ärzte nicht helfen können, und es ist verständlich, daß man nach dem letzten Strohhalm greift und den Heiler mit ganzer Intensität darum bittet, doch alle seine Kräfte einzusetzen, damit die Krankheit beseitigt wird. Versprich nie die Heilung, denn Du weißt nicht, ob das Karma-Gesetz in diesem Augenblick die Heilung wirklich zuläßt, und zeige dem Kranken gegenüber nie eine Überheblichkeit, Du weißt nicht, ob Du nicht morgen selbst der Leidende bist! Strahle jedoch Stärke aus, sei fest in Deinen Anweisungen und gib ihm das Gefühl, selbst etwas zur Heilung beitragen zu können. Du wirst später erkennen, daß es ohne die Mitarbeit des Kranken nicht möglich ist, ihm zu helfen. Der Kranke fühlt sich meist abhängig vom Heiler; nutze nie dieses Gefühl aus, sondern stelle ihn so schnell wie möglich auf eigene Füße, das heißt, zeige ihm, was er zur Heilung beitragen kann.

Ein Heiler darf nicht bestechlich sein, sonst gleitet er in seinem Wirken auf den linken Pfad ab und wird als göttlicher Heiler unbrauchbar. Du selbst solltest zwar die Vollkommenheit im Kranken sehen, verlange es jedoch nicht von ihm, wenn Du spürst, daß er dazu noch nicht fähig ist. Wer in der Persönlichkeit konzentriert ist, leidet mit dieser, und Du darfst vom Kranken, besonders wenn er schon längere Zeit sein Leiden trägt, nicht zuviel erwarten; es kann geschehen, daß der Kranke sich von Dir abwendet, und Du ihm dann nicht mehr helfen kannst.

Noch einmal:

Wer in der göttlichen Seele konzentriert ist, ist frei von Krankheit, auch wenn die Persönlichkeit krankt. Von Dir kann erwartet werden, daß Du über der Krankheit stehst. Der Heilungsuchende jedoch befindet sich bewußtseinsmäßig in dem Prozeß des Leidens, und es wäre aus diesem Grunde wenig hilfreich, ihm sagen zu wollen, daß er als Seele gesund ist. Für weise Reden ist erst Zeit, wenn Du das Bewußtsein des Kranken auf eine höhere Ebene gehoben hast. Auch das solltest Du bei allen Deinen Bemühungen im Auge behalten: Das Bewußtsein des Kranken auf eine höhere Ebene zu heben. Das Kind, das in den Brunnen gefallen ist, muß herausgezogen werden, bevor man ihm die Gefahren, den Sinn und Zweck erklärt. Bedenke das!

Alles, was Du erfährst, hat nur dann für Dich und andere einen Wert, wenn Du Dich mit den behandelten Themen eingehend auseinandersetzt, wenn Du bemüht bist, den Hinweisen zu folgen, wenn Du ernsthaft bemüht bist, ein Heiler zu werden!

Wir wollen uns nun Deiner Meditationsarbeit zuwenden, sie soll eine Erweiterung erfahren.

Arbeite weiter an dem Errichten des Energiedreiecks. Wenn Du spürst, daß die Energien kreisen, daß sie konzentriert werden, dann lenke Deine Aufmerksamkeit dem Hals-Zentrum zu und fühle, wie ein Energiestrom vom Energiedreieck die Wirbelsäule herablaufend durch dieses Zentrum fließt. Singe dabei die heilige Silbe OM in Deinem Grundton. Das heißt, Du konzentrierst Dich wie gewohnt auf das Energiedreieck, und wenn Du die Energie in diesem Dreieck spürst, dann läßt Du sie die Wirbelsäule hinablaufen, indem Du die heilige Silbe OM singst, und strahlst sie über das Hals-Zentrum aus. Dabei wird nur ein kurzes Stück der Wirbelsäule berührt, es ist aber wichtig, daß Du das Fließen der Energie spürst. Führe nun die gleiche erweiterte Übung auch mit dem Herz-Zentrum durch, das heißt, anstatt die Energien aus dem Hals-Zentrum auszustrahlen, benutzt Du dann das Herz-Zentrum. Du gehst aber zuvor mit Deinem Bewußtsein wieder zum Energiedreieck zurück und ziehst die dort befindlichen Energien die Wirbelsäule herunter bis zum Herz-Zentrum und strahlst über dieses dann die Energien aus. Das Ausstrahlen der Energien soll im Wechsel geschehen: einmal durch das Hals-Zentrum, dann durch das Herz-Zentrum, dann wieder durch das Hals-Zentrum usw., und die Übungszeit soll dann etwa fünfzehn Minuten in Anspruch nehmen und sollte wie bisher zweimal am Tag durchgeführt werden. Du lernst so, Dich auf die einzelnen Zentren zu konzentrieren, dabei aber immer eine Verbindung zum Energiedreieck beizubehalten. Du mußt lernen, verschiedene Zentren miteinander zu verbinden und diese während der Dauer der Übertragung der Heilkräfte im Bewußtsein zu behalten. Gehe darum sorgsam an diese Übung und bedenke, je sorgfältiger und regelmäßiger Du arbeitest, desto leichter wird es Dir nachher fallen, die Energien für heilerische Zwecke zu verwenden. Jede Meditationsarbeit sollte in einer harmonischen, ruhigen Haltung durchgeführt werden. Sorge deshalb vorher für innere und äußere Harmonie. Du wirst wenig Erfolg erzielen, wenn Du Dich in einem unruhigen Zustand befindest, Dich dann hinsetzt, um die Energiekonzentration und -übertragung durchzuführen. Und vergiß nicht, Dir eine intensive und enge Beziehung zum VATER, zu Christus, zu schaffen, und übe immer wieder die Demut und die Bescheidenheit, Du wirst diese Tugenden in Deiner Heilertätigkeit sehr nötig haben.

Energie-Quellen

Befassen wir uns einmal mehr mit dem, was während der Energie-Übertragung geschieht oder besser gesagt zu geschehen hat. Dabei werden wir das ganze Thema auf eine Ebene bringen, wo praktische Arbeit damit möglich ist.

Es gibt zwei große Ebenen, aus denen die Energien angezogen werden können:

1. Sie können über die Seele hereingeholt werden. Dazu ist es erforderlich, Seelenkontakt herzustellen und ihn während der ganzen Zeit der Energie-Übertragung aufrechtzuerhalten.
2. Sie können außerdem aus einem der drei Formbereiche angezogen werden, auf denen die menschliche Persönlichkeit sich bewegt. Das setzt voraus, daß der Formbereich gewählt wird, der auch zur Energie-Übertragung herangezogen wird. Der Heiler muß fähig sein, jeden der Bereiche während der Energie-Übertragung voll zu beherrschen.

Bei dieser Betrachtung ist noch nicht berücksichtigt, daß zuvor die Art der Energie oder Kraft, um es präziser auszudrücken, bestimmt werden muß, die zur Heilung benötigt wird.

Du kannst daran erkennen, daß es nicht ausreicht, die Energien nur zu übertragen, sondern man muß sich ein genaues Bild machen, welche Energien zur Auswirkung kommen sollen.

Betrachten wir erst einmal die Energie-Quellen, um es dem Heiler zu ermöglichen, die geeigneten Energien aus den richtigen Quellen anzuziehen.

Der Heiler muß folgendes in sein Bewußtsein nehmen:

Jeder Daseinsbereich besitzt seine eigene Energie-Quelle!

Wenn ich mich in diesem Rahmen mit den Energie-Quellen befasse, so bitte ich zu berücksichtigen, daß es sich hier um Quellen handelt, deren Energien und Kräfte der Bildung einer menschlichen Form dienen. Ich muß diesen Bereich deshalb soweit einengen, weil wir unsere Betrachtung sonst ins Uferlose ausdehnen könnten, damit wäre jedoch dem praktizierenden Heiler nur wenig geholfen. Wenn sich die Seele anschickt, eine menschliche Form aufzubauen, so sendet sie einen entsprechenden Impuls in den Mentalbereich des Planeten, auf dem sie sich zu inkarnieren wünscht. Mit Hilfe des verbliebenen permanenten Atoms (soweit es sich um eine Folgeinkarnation handelt) zieht dieser Impuls Energien und Kräfte aus dem Mentalbereich des Planeten an. Diese richten sich ganz nach der Qualität des permanenten Atoms.

In diesem Mentalbereich finden sich folgende Energie-Quellen:

1. Quellen, aus denen Energien zur Schaffung von Gedankenformen fließen.

2. Quellen, aus denen die Energien fließen, die zur Bildung der Mentalkörper befreiter Seelen benötigt werden. Es handelt sich hier um Energien anderer Qualität.

3. Energien fließen aus Quellen, aus denen die Mentalebene des Planeten selbst besteht.

4. Es existieren Quellen, aus denen die Energien fließen, die zur Bildung des Mentalkörpers eines Menschen benötigt werden.

In der praktischen Arbeit ist es nicht so schwer, die richtige Energie-Quelle zu finden, wie es im ersten Augenblick aussehen mag. Bilden schlechte Gedanken die Krankheit, so sendet man entsprechende positive Gedanken in den Mentalbereich des Kranken. Diese Gedanken werden dann von den rechten Energien getragen. Ist die Mentalmaterie des Menschen selbst verseucht, müssen Energien verwandt werden, die über den eigenen, zuvor harmonisierten Mentalbereich des Heilers geleitet werden.

120

Man kann sich jedoch nur dann dieser mentalen Energie-Quelle bedienen, wenn der Heiler die ganze Zeit der Übertragung sich auf der Mentalebene halten kann. Ist das nicht der Fall, so läuft er Gefahr, Energien anderer Quellen anzuziehen, und die Heilung kann dann nur mangelhaft erfolgen.

Ich habe bisher nur die Energie-Quellen dieses Planeten berücksichtigt. Aus den astrologischen Einflüssen ist Euch bekannt, daß Energien anderer Planeten einen Menschen ebenfalls beeinflussen. Wer für die Heilung auch die astrologischen Einflüsse berücksichtigt, und jeder erfahrene Heiler wird nicht ohne sie auskommen, kann sich noch weitere Energie-Quellen erschließen. Jede Krankheit steht unter der Einstrahlung irgendeines Planeten, und wo dies nicht erkennbar ist, handelt es sich um den Planeten Erde selbst. Jeder Planet besitzt ebenfalls analog zu den Energie-Quellen dieses Planeten seine Quellen. Der Heiler kann sich, sofern er nicht unter spannungsreichen Einflüssen des betreffenden Planeten steht, dieser Energie-Quellen außerhalb des eigenen Planeten bedienen, um die Heilung hervorzurufen. Bei dieser Arbeit muß er sich mit dem entsprechenden Planeten und dessen Energie-Quelle verbinden, die hereinfließenden Energien über seinen (z. B. Mental-) Bereich fließen lassen und sie von hier aus auf den Kranken übertragen. Die astrologischen Einflüsse zeigen ihm an, mit welchem Planeten er sich zu verbinden hat und welcher Formbereich zur Übertragung gewählt werden muß. Es wird sich immer um den Formbereich handeln, wo die Krankheit ihren Sitz hat.

Noch nicht berücksichtigt haben wir die Energie-Quellen, die über den Formbereichen liegen und die jenen Heilern zur Verfügung stehen können, die sich über ihre eigene Persönlichkeit erheben können.

Eine große Energie-Quelle ist die Seele. Es kann einmal die Seele des Heilers sein oder die Seele des Patienten.

Eine weitere Energie-Quelle finden wir im monadischen Bereich. Nur wenige finden den Weg in diese hohe Ebene.

Betrachten wir einmal die Ebene der Seele. Wer Zugang zu seiner eigenen Seele hat, kann sich auch dieser Energie-Quelle bedienen. Dazu ist es erforderlich, daß der Heiler Kontakt zu seiner Seele herstellt, die entsprechenden Energien entweder direkt über die Seele des Kranken in die Persönlichkeitsbereiche einfließen läßt oder sie über seine eigenen Formbereiche weiterreicht.

Der Kontakt zur Seele muß vom Heiler während der ganzen Zeit der Energie-Übertragung aufrechterhalten werden können, sonst fließen die Energien unkontrolliert ein. Ein unkontrolliertes Einfließen von Energien kann jedoch zu ernsthaften Schäden innerhalb der Persönlichkeit führen. Die Seelenenergien müssen immer auf eine der Persönlichkeitsebenen herabgeleitet werden. Das Herableiten muß der Heiler zuvor gelernt haben, sollen die Energien in der Ebene ankommen, wo sie benötigt werden.

Man darf nie vergessen: Wer Energien handhabt, muß dies weise tun, sonst setzt er sich der Gefahr aus, entweder einer Überreizung zum Opfer zu fallen oder einer Auszehrung. Wenn wir in diesem Rahmen von Gefahren sprechen, so darf es nicht unerwähnt bleiben, daß es zwei große energetische Strömungen durch alle Bereiche gibt.

1. Der evolutionäre Strom
2. Der involutionäre Strom

Solange der Heiler die Energien des evolutionären Stromes verwendet und sich damit in dem weiß-magischen Gebiet aufhält, steht er immer unter dem Schutz hoher Wesenheiten, die über seinem Tun wachen. Begibt er sich jedoch auf den involutionären Pfad, arbeitet er aus eigenem Willen und setzt er sich über den Willen des Göttlichen hinweg, geht es ihm nur um den Erfolg seiner Bemühungen oder will er nur seinen eigenen Willen durchsetzen, ohne dem Ruf der Seele des Kranken zu gehorchen, dann befindet er sich auf dem Bogen der Einengung und Zerstörung und handelt nicht aus göttlichem Rat.

Es kann aber auch der übereifrige Heiler, der unbedingt dem Kranken helfen möchte, ohne dessen Karma zu berücksichtigen, in die Bahnen des involutionären Stromes geraten. Wer bedacht und kontrolliert handelt, wird das sehr schnell merken. Wer jedoch sein Denken ausschaltet und nur seine Gefühlsnatur sprechen läßt, kann dadurch tiefgreifende karmische Bindungen eingehen. Man hüte sich darum, mit Wesenheiten auf der inneren Ebene zusammenzuarbeiten, deren hierarchischen Stand man nicht kennt.

Gott ist ein Gott des Gesetzes, und wer sich über die Gesetze erhebt, nur weil er glaubt, einem Menschen in einer ganz bestimmten Weise helfen zu müssen, der läuft Gefahr, in den negativen Strom zu geraten. Auch die gegensätzlichen Kräfte und Wesenheiten können Heilungen hervorbringen. Ihre Arbeit ist eine viel leichtere als die Arbeit des Weißmagiers. Ihnen geht es nicht um Befreiung des Lebens aus der Form, sondern um das Verbleiben in der Form. Es ist jedoch der Auftrag, wenn man es so ausdrükken will, des involutionären Stromes, das Leben an die Form zu binden. Die Befreiung von einer physischen Krankheit, die die Seele zum Beispiel zur Befreiung aus der

Form eingeleitet hat, würde das Leben in der Form festhalten und wäre nicht göttlich.

Der Heiler muß sich darum immer fragen, aus welchem Grund die Seele die Persönlichkeit oder einen Persönlichkeitsbereich in die Phase der Krankheit geführt hat. Ist damit die Befreiung von einer karmischen Gebundenheit möglich, so darf der Heiler beruhigt ans Werk gehen, wird aber damit der physische Tod eingeleitet, so muß der Heiler bereit sein, diesen Prozeß zu unterstützen, wodurch die Krankheit unter Umständen noch verschlimmert wird.

Aus dem eben Dargelegten kannst Du entnehmen, daß die zuvor genannten Energie-Quellen in zwei große Hauptströme aufgeteilt werden. Der besonnene Heiler braucht keine Sorge zu haben, den involutionären Strom anzuziehen, ihn schützt sein Bemühen, gottgewollt zu wirken.

Wir haben zuvor die mentalen Energie-Quellen besprochen, wenden wir uns nun den weit mehr benutzten astralen und physischen Quellen zu. Als erste betrachten wir die astralen Energie-Quellen. Hier haben wir es mit drei großen Energie-Quellen zu tun:

1. Energien, die von astralen Wesenheiten benutzt werden können.
2. Energien, die zur Erzeugung von Gefühlen dienen.
3. Energien, die der Astralebene selbst innewohnen und zur Schaffung astraler Formen dienen.

All diese Energien muß der Heiler handhaben können, will er Kranken helfen. Wenn ich die Energien, die von Wesenheiten benutzt werden können, von jenen trenne, die zur Schaffung von Gefühlen dienen, dann deshalb, weil sie oft von wesentlich niedrigerer Schwingungsfrequenz sind und dazu verwandt werden, die große Täuschung zu bewirken.

Will der Heiler mit diesen astralen Energien umgehen, so muß er ganz besonders darauf achten, daß er sie auch in rechter Weise beherrschen kann. Nur ein auf der Astralebene gefestigter Heiler kann diese Energien weise gebrauchen. Es stehen dem Heiler wie auf der Mentalebene auch auf der Astralebene Energien aus anderen Planeten und außerplanetarischen Bereichen zur Verfügung.

Gerade auf der Astralebene besteht auch die Gefahr für den Heiler, die involutionären Energien anzuziehen. Vor ihnen muß er sich hüten, will er nicht auf diesen abwärts führenden Bogen gezogen werden.

Die meisten Heiler verwenden jedoch nur Energien aus dem ätherischen Bereich. Auch viele Astralwesen, die sich im Heilungsbereich betätigen, verwenden diese Energien. Welche Energie-Quellen wären hier zu nennen?

1. Jene Quelle, aus der die Energien für den Ätherkörper fließen.
2. Die große Quelle all jener Energien, die aus dem interplanetarischen Bereich auf die Erde einstürmen.
3. Energien, die zur Schaffung des materiellen Bereiches benötigt werden.
4. Energien der Farben und Töne, sie spielen eine große Rolle im Energiehaushalt des Menschen, das wird oft übersehen. Man kann aber viele Krankheiten durch Farben und Töne überwinden. Dazu gesellt sich noch jene Quelle der Düfte.

4. Brief

Lieber Strebender!

Immer wieder müssen wir auf Deine eigene Einstellung zur Krankheit zu sprechen kommen. Wenn Du Phasen der Disharmonie durchlebst, was fühlst Du dann? Ist es die Schwäche, die Dein Bewußtsein beherrscht? Lerne zu erkennen, daß Du selbst als Seele jede Lebensphase herbeiführst. Dein Bewußtsein soll zur Zeit nicht auf die karmische Notwendigkeit gelenkt werden, sondern auf den Willen der Seele, aus harmonischen und disharmonischen Lebenslagen Erfahrungen zu sammeln.

Ja, Du gehst als Seele bewußt in jede Lebensphase, Du führst die Geschicke Deines Lebens, und je mehr Du Dir dieser Tatsache bewußt wirst, desto weniger wirst Du leiden. Nehmen wir zur Erklärung ein alltägliches Beispiel: Du gehst in die Sauna, und der Aufenthalt in der Sauna ist bestimmt kein angenehmer. Du weißt dennoch, daß dieser Prozeß wohltuend für Dich ist; Du leidest nicht unter der Hitze, denn Du weißt, daß der Aufenthalt in der Sauna einen Reinigungsprozeß darstellt. Du unterziehst Dich freiwillig diesem Prozeß. Deiner Seele bedeutet jede Disharmonie, die von der Persönlichkeit durchlebt wird, ebenfalls einen Reinigungs-, aber auch einen Erfahrungsprozeß. Der Grund Deines Leidens besteht darin, daß Du Dich mit dem Körper beziehungsweise mit der Persönlichkeit identifizierst. Erkenne, daß jede Krankheit, jede Disharmonie eine Möglichkeit darstellt! Versuche den Willen der Seele zu erkennen! Frage Dich: Warum führt die Seele diesen Zustand herbei? Hast Du die Motive der Seele erforscht, dann hast Du auch die Möglichkeit, das Ende eines disharmonischen Prozesses herbeizuführen.

Erkenne jedes Problem als eine Möglichkeit!

Wenn Du bei Dir diese Haltung einnehmen kannst, steht Dir auch die Kraft zur Verfügung, um alle Möglichkeiten auszuschöpfen. Versuchst Du diesem Prozeß durch verfrühte Heilung oder Umgehung einer schwierigen Lage auszuweichen, wirst Du zwangsläufig in ähnliche Situationen hineingeführt. Verstehe, daß aus dieser Haltung keine wahrhaftige Lösung kommen kann. Ist es Dir jedoch möglich, dem Willen der Seele nachzugeben und Dir die Erfahrungen bewußtzumachen, dann gehst Du aus jeder Lebenslage geläutert und gestärkt hervor und wirst ein brauchbares Werkzeug der Seele. Bedenke, daß aber auch jede positive Lebensphase eine Möglichkeit darstellt, Erfahrungen zu sammeln. Das wird leider oft vergessen! Wenn es Dir gut geht, dann frage Dich, warum Deine Seele Dich in diesen Zustand gebracht hat, was will sie in diesem Zustand erfahren? Oft erfährt sie, daß die Formbereiche im Zustand der Harmonie träge sind und dadurch nur wenige Früchte, nur wenige Erfahrungen zu sammeln sind. Das tritt aber nur dann ein, wenn Du Dich in der Sonne der Harmonie sonnst und relativ untätig wirst. Nutzt Du jedoch auch diesen Zustand aus, um Deiner Seele Erfahrungen zu vermitteln, dann wird daraus eine engere Verbindung mit der Seele entstehen. Du mußt lernen, Dich ganz auf den Willen der Seele einzustellen, dann wirst Du Deine Lebensaufgabe als Persönlichkeit erfüllen.

Wir haben Dich und Deine Beziehung zur Krankheit näher beleuchtet und sie auf eine höhere Ebene gestellt. Das gleiche gilt nun auch für den Patienten, der zu Dir kommt. Es ist verständlich, daß Du nur wenige zu einem derartigen oben beschriebenen Bewußtseinszustand bringen kannst. Wenn wir es aber recht betrachten, dann zeigt uns jede Krankheit, jede Disharmonie, daß Energien falsch gelenkt werden. Die den Menschen bestimmenden Energien werden in Richtungen gelenkt oder konzentriert, die nicht geeignet sind, dem Leben der Seele Ausdruck zu verleihen. Gelingt es nun dem betreffenden Menschen, die Energien in rechter Form zu lenken, sich ganz auf seinen Auftrag, den er als Werkzeug der Seele mitgebracht hat, zu konzentrieren, dann ist er frei von Krankheit. Es ist verständlicherweise nicht einfach, sich inmitten eines krankhaften Prozesses ganz auf die Lebensaufgabe zu konzentrieren, aber es sollte der Versuch unternommen werden, den Kranken, durch Konzentration auf etwas Gutes und Schönes, von seiner Krankheit abzulenken. So sollten Menschen, die einsam sind und sich überflüssig fühlen und dadurch in einen krankhaften Zustand geraten, dazu gebracht werden, ihrem Leben wieder einen Sinn zu geben. Wenn auch oft behauptet wird, daß viele Krankheiten älterer Menschen altersbedingt sind, so stimmt das nur zum Teil. Es stimmt nur insofern, daß ältere Menschen oft der Ansicht sind, daß sie keine Aufgaben mehr haben, daß sie mehr und mehr der Gesellschaft zur Last werden, und daß Krankheit eine selbstverständliche Begleiterscheinung alternder Menschen ist; dadurch flüchten sie sich in das angeblich Unvermeidliche. Beide Ansichten können widerlegt werden:

1. Solange ein Mensch lebt, das heißt, solange er einen physischen Körper besitzt, kann er auch noch auf der materiellen Ebene tätig sein; und jede Tätigkeit kann zu einem Dienst am Nächsten entwickelt werden. Wenn man allerdings nur darauf bedacht ist, selbst ein schönes und ruhiges Leben im Alter zu führen, so hat diese Haltung zwangsweise zur Folge, daß der alternde Mensch mehr und mehr in die Isolation gerät, er vereinsamt. Die Menschen, mit denen er den größten Teil seines Lebens verbracht hat, haben entweder die Erdenbühne bereits verlassen, oder ihr Leben hat sie an einen anderen Platz gestellt. Oft versäumen nun die älteren Menschen, ihr Leben den veränderten Verhältnissen in rechter Form anzupassen. Die Umstellung erfordert weises Überlegen und sinnvolles Gestalten. Wer es jedoch nicht rechtzeitig gelernt hat, sein Leben bewußt zu gestalten, der wird es schwerhaben, sich veränderten Situationen anzupassen. Hier beginnt die Arbeit des geistigen Heilers. Er muß dem Kranken, der sich oft nur aus dem Erkennen einer Ausweglosigkeit in die Krankheit flüchtet und sie zum Inhalt seines Lebens macht, helfen, den Umgestaltungsprozeß in rechter Weise nachzuvollziehen. Man muß lernen, mit jeder Phase seines Lebens fertig zu werden, sonst läuft man Gefahr, in den Prozeß der sogenannten Alterserscheinungen und -krankheiten zu geraten. Aber wer sagt uns denn, daß wir im Alter krank sein müssen? Der Prozeß des Alterns ist doch ein Prozeß, den wir in der gesamten Natur wiederfinden. Er ist auf dieser Ebene des Lebens genauso göttlich wie die Wachstums- und Blütezeit des menschlichen Daseins auf Erden. Anstatt jede Lebensphase bewußt nach ihren gegebenen Möglichkeiten zu gestal-

ten, schiebt man die Auseinandersetzung mit dem Älterwerden bewußt hinaus. Diese Haltung führt unweigerlich zu Krankheit und frühzeitigem Tod.

Auch im Alter können noch Aufgaben im Dienst an der Menschheit erfüllt werden; auch das Alter kann zu einem sinnerfüllten Leben gestaltet werden. Wenn Menschen in die Vereinsamung geraten, so sind sie selbst daran schuld, und der Heiler sollte diesen Menschen helfen, daß sie gar keine Zeit mehr haben, krank zu sein. Der Heiler sollte sich in seinen Bemühungen nicht durch Reden wie: ja, wenn ich gesund wäre, dann..., abhalten lassen, sondern beständig daran arbeiten, den Kranken zu einem sinnerfüllten Leben zu verhelfen. Sinnerfüllt ist das Leben jedoch erst dann, wenn das Leben im göttlichen Sinne in Übereinstimmung mit der Lebensaufgabe in rechter Weise geführt wird. In diesem Ausspruch finden wir auch die Erklärung dafür, warum viele Menschen auch in jüngeren Jahren, inmitten von Aufgaben, von denen sie meinen, daß das Leben sie ihnen gestellt hat, trotzdem krank werden. Lassen wir einmal das Karma-Gesetz insoweit außer acht, daß wir aus einem früheren Leben mitgebrachte Verbindlichkeiten nicht berücksichtigen.

Wer voll und ganz seine Lebensaufgabe erfüllt,
ohne seine Energien zu zerstreuen,
bleibt frei von Krankheit.
Wer sich in falschen Aufgabengebieten bewegt,
seine Energien nicht sinnvoll anwendet
oder ohne Lebensaufgabe sich dahintreiben läßt,
sät die Saat für künftige Krankheiten.

Der Heiler sollte darum bemüht sein, dem Menschen zu einer Aufgabe zu verhelfen, die ihm gemäß ist. Dazu ist es erforderlich, sich in die Natur des Menschen hineinzufinden, Wege zu suchen, damit der Kranke tätig werden kann. Wenn der Heiler an dieser Stelle ansetzt, hat er mehr für die Gesundheit seines Patienten getan, als wenn er sich nur um die Beseitigung des physischen Leidens kümmern würde.

2. Es besteht eine weitverbreitete Ansicht, daß Menschen, wenn sie älter werden, und es wird dabei keine genaue Altersstufe genannt, zwangsläufig dem Prozeß des Krankseins unterliegen. Man zählt sogar viele Krankheiten auf, die typisch altersbedingt sind. Fragen wir uns aber einmal, ob sie wirklich altersbedingt sind, und warum sie im Alter häufiger auftreten als in jüngeren Jahren. Sicher hat die Wissenschaft Untersuchungen angestellt, warum manche Krankheiten zu den typischen Alterserscheinungen zählen, aber es ist leider wenig bekannt, wie man diesen Erscheinungen vorbeugen kann. Wer macht sich schon in jüngeren Jahren Gedanken darum, wie man eine rechte gesundheitliche Vorsorge fürs Alter treffen kann. Man weist derartige Gedanken an das Alter von sich, ohne zu erkennen, daß man mit dieser Haltung den Alterungsprozeß und damit die Anfälligkeit für die sogenannten Alterserscheinungen nur beschleunigt. Darum gilt der wichtige Rat:

Lerne alt zu werden!

Der Heiler sollte die Kranken, ja jeden Menschen, der sich ihm in die Hand gibt, lehren, in rechter Weise alt zu werden. Auch in vielen geistigen Schriften finden wir immer wieder die Verneinung des Alters. Man versucht, den Alterungsprozeß mit allen Mitteln zu umgehen, anstatt sich auch mit dieser Lebensphase auseinanderzusetzen. Die Materie unterliegt zwar einem Abbauprozeß, dieser muß jedoch nicht zwangsläufig Krankheit zur Folge haben. Die Alterserscheinungen mit ihren Krankheiten sind vielmehr ein Hinweis dafür, daß man dem natürlichen Abbauprozeß nicht ausreichend Rechnung trägt.

In jeder Lebensphase unterliegen wir anderen energetischen Strömungen, und es gilt die verschiedenartigen Energien sinnvoll zu gebrauchen. In der Jugend findet der Aufbau statt. In der Lebensmitte hat es der Mensch besonders mit den erhaltenden Energien zu tun. Auch sie müssen eine sinnvolle Anwendung finden, sonst erschöpft sich die Materie vorzeitig im Aufnehmen dieser Energie. In der letzten Lebensphase kommen die auflösenden Energien zur Wirkung. Sie gestatten es der Seele, sich zurückzuziehen. Wer diese Energie in rechter Form handhaben kann, wird auch das Alter in relativer Gesundheit durchleben.

Leider haben die Menschen seit Jahrhunderten eine mentale Form aufgebaut, die alte Menschen als krank sieht, so daß diese Form bereits sehr mächtig ist und ihre Strahlkraft fast jeden, der sich nicht bewußt dagegen wehrt, in ihren Bann zieht. Viele Menschen warten sogar auf die Alterserscheinungen, ohne sich dieses Warten zugeben zu wollen. Nur wenn dann eine entsprechende Krankheit (wir sollten immer daran denken, daß Krankheit mit dem Begriff „Disharmonie" gleichgesetzt werden kann) auftritt, dann nimmt man sie als eine Selbstverständlichkeit an. Diese Haltung ist falsch! Disharmonien als eine Selbstverständlichkeit anzunehmen heißt, sich seiner Göttlichkeit nicht bewußt zu sein. Außerdem ist zu bedenken, daß der Rückziehungsprozeß der Seele aus dem physischen Körper sich nicht über Jahre oder Jahrzehnte erstrecken muß. Er kann sich, wenn man ihm nachgibt, in relativ kurzer Zeit vollziehen. Es tritt dann eine sich langsam über alle Körperbereiche ausdehnende Schwäche ein, die dann im Versagen der wichtigsten Körperfunktionen ihren sichtbaren Abschluß findet. Auch ein zu plötzlicher Tod, er wird oft vom Menschen selbst als „schöner Tod" angesehen, trägt nicht dem harmonischen Zurückziehen der Seele Rechnung, sondern deutet auf ein vorzeitiges Beenden der Inkarnation hin. Der Rückziehungsprozeß tritt dann erst nach dem physischen Tod ein und nimmt der Seele wichtige Erfahrungen, die aus einem harmonischen Rückzug gewonnen werden können. Oft verweilen die so plötzlich Verstorbenen noch längere Zeit in der erdnahen Sphäre.

Könnte ein alternder Mensch sich frei machen von dem Gedanken, daß Alter zugleich Krankheit bedeutet, dann würden mit dieser Bewußtseinsveränderung bereits viele der sogenannten Alterserscheinungen ausbleiben. Der Rest könnte dann durch rechte Lebensweise, das heißt durch sinnerfülltes Leben und durch weise vorbeugende Maßnahmen, bereits in jüngeren Jahren überwunden werden. Es blieben dann nur noch die karmischen Verbindlichkeiten aus einem früheren Leben übrig. Und auch an die Lösung dieser Krankheiten kann man in jedem Alter bewußt herangehen.

Der Heiler steht bei einem älteren Menschen vor einer großen Aufgabe, und er sollte sich dieser Aufgabe nicht dadurch entziehen, daß er nur für das augenblickliche leibliche Wohl des Patienten sorgt und sich durch diese Haltung einen Dauerpatienten schafft. Immer geht es um das rechte Verständnis sowohl beim Heiler als auch beim Patienten, und nur dieses wird beiden den Weg zeigen, Disharmonien zu überwinden.

Wir wollen uns nun Deinen täglichen Übungen zuwenden:

Die Morgengymnastik und die kurze Atemübung sollen täglich fortgesetzt werden, besonders die reinigende Atemübung kann auch, wenn erforderlich, im Laufe des Tages mehrmals wiederholt werden. Es genügen oft drei Atemzüge, um auch die mangelhaft fließenden Energien wieder in Bewegung zu bringen.

Seit dem vorherigen Brief hast Du Dich mit Deinem Hals- und Herz-Zentrum beschäftigt. Du hast gelernt, die Energien vom Energie-Dreieck im Kopf bewußt durch diese Zentren zu leiten. Du hast die Zentren im Wechsel benutzt, um zu lernen, die Energien bewußt dorthin zu lenken, wo Du sie haben möchtest. Es ist bei derartigen Übungen wichtig, daß der freie Energiefluß gewährleistet ist. Wenn Du Stauungen wahrnimmst, sollte die Übung unterbrochen werden, und an deren Stelle ist eine andere Übung zu verwenden:

Atme ruhig und tief in das Zentrum hinein, wo sich die Stauung befindet. Stelle Dir vor, daß Du die Stauung durch das Zentrum herausatmest. Ganz ruhig muß diese Übung durchgeführt werden. Du kannst auch Deine Hand auf das entsprechende Zentrum legen, um den Ausatmungsvorgang zu erleichtern. Nach einigen derartigen Atemübungen sollte sich die Stauung aufgelöst haben.

Wir wollen nun ein weiteres Zentrum in die Arbeit mit einbeziehen: Das Hals-Zentrum wollen wir für die nächste Zeit ruhen lassen. Du konzentrierst Dich auf das Energiedreieck im Kopf, bringst dann die Energien zum Solarplexus herunter, wieder durch die Rückenmarkskanäle, und strahlst sie über dieses Zentrum aus. Bei dieser Übung ist es wichtig, daß Du Dich vor der Übung überzeugst, daß sich Deine gesamte Persönlichkeit im Zustand der Ruhe befindet. Kannst Du die herabfließenden Energien gut durch das Solarplexus-Zentrum bringen, dann leite sie abwechselnd einmal durch das Herz-Zentrum und einmal durch den Solarplexus. Auch diese Übung soll fünfzehn Minuten lang durchgeführt werden. Beende diese Übung, indem Du zum Schluß das Herz-Zentrum ansprichst. Zweimal am Tag soll diese Übung erfolgen. Achte darauf, daß die Energien ruhig und harmonisch durch den Solarplexus fließen, denn es ist das Zentrum, durch das vorwiegend die Energien der niederen Emotionen fließen. Sie gilt es im Zaum zu halten, damit dieses Zentrum für höhere Zwecke verwandt werden kann.

Krankheit und Karma

Krankheit entsteht durch drei Einflüsse und ist diesen unterworfen. Es sind dies:

1. Des Menschen eigene Vergangenheit, womit er den Preis für weit zurückliegenden, uralten Irrtum bezahlt.
2. Das allen Menschen gemeinsame Erbteil an jenen verdorbenen Energieströmen, die im Verlauf der Evolution erzeugt wurden.
3. Der Mensch hat, wie alle Naturformen, teil an dem, was der „Herr des Lebens" Seinem Körper auferlegt.

Diese drei Einflüsse nennt man „Das Urgesetz des Teilhabens am Übel". Dieses Gesetz muß eines Tages jenem neuen, „seit Urzeiten herrschenden Gesetz des Guten" weichen, das hinter allem steht, was Gott geschaffen hat. Dieses Gesetz muß durch den geistigen Willen des Menschen zur Wirksamkeit gebracht werden.

Dieses Gesetz ist ein sehr umfangreiches und läßt einmal mehr Einblick gewinnen in das Karma-Gesetz. Dieses Gesetz, das auch bezeichnet wird als „das Gesetz von Ursache und Wirkung", zeigt uns, daß der einzelne Mensch untrennbar verbunden ist mit allem planetarischen Leben. Er hat Anteil am Denken und Fühlen aller und ist mit Hilfe seines Ätherkörpers eng verbunden mit allen Energieströmungen hier auf Erden. Die disharmonischen Zustände spiegeln sich in seinen drei Formbereichen wider, und er teilt sich mit ihrer Hilfe seiner Umgebung mit und löst Reaktionen aus, die im Laufe der Zeit Wirkungen in seinen eigenen Bereichen und im Ablauf seines Lebens hervorrufen. Wenn dies einmal mehr verstanden wird, dann wird es dem einzelnen auch möglich sein, durch rechtes Verhalten bewußt auf die karmischen Bedingungen einzugehen. Heute erdulden die Menschen ihr Schicksal, versuchen bestenfalls noch etwas Positives daraus zu machen, wenn auch das schon ein Fortschritt ist. Auf einer höheren Windung der Entwicklungsspirale wird es ihm dann möglich sein (durch entwickeltes Verantwortungsgefühl), bewußt seine Zukunft zu gestalten. Ist das Denken der Menschen erst einmal damit beeindruckt, daß er durch viele Inkarnationen seinen Entwicklungsweg zu beschreiten hat, und er selbst einen Mikrokosmos im Makrokosmos darstellt, dann wird er zwangsläufig aus der Isolation, an der er heute noch festhält, heraustreten. Wenn er dazu noch in sein Bewußtsein aufgenommen hat, daß er die Seele, das

Göttliche im Menschen darstellt und seine Persönlichkeit ihm nur als Werkzeug zu dienen hat, dann hat er die Möglichkeit, sich auf jene Schwelle zu stellen, von der aus das Bewußtsein in die Seele verlagert werden kann. Kontakt zur Seele mit der daraus sich entwickelnden Intuition wird die erste Folge dieser Bewußtseinserweiterung sein.

Der Heiler sollte darum bemüht sein, diesen Kontakt herzustellen. Sichtbares Zeichen eines Seelenkontaktes wird ein sich stärker entwickelndes Verantwortungsgefühl sein. Dieses muß der Heiler sich erwerben, um seine Aufgabe im göttlichen Willen zu erfüllen. Eine weitere wichtige Eigenschaft, die der Seelenkontakt hervorbringt, ist guter Wille. Damit ist nicht jene schwankende Gefühlsäußerung gemeint, die sich nur um das Wohl des einzelnen selbst kümmert, sondern jener einsichtige gute Wille, der einem tieferen Wissen um innere Gesetzmäßigkeiten entspringt. Vielleicht verstehst Du jetzt besser, warum Seelenkontakt für den Heiler und seine Aufgabe unumgänglich ist. Einige Gedanken über Seelenkontakt und Seelenbewußtsein habe ich bereits im zweiten Heilerbrief dargelegt.

Kommen wir wieder zum Gesetz zurück, das unser Bewußtsein beeindrucken soll:

Die alte karmische Schuld, die der Kranke zu bezahlen hat, kann Ursache seines Leidens sein. Der Heiler hat nun erstens zu untersuchen, ob die Krankheit durch eine karmische Energie ausgelöst wurde. Zweitens muß er feststellen, inwieweit diese Energie bereits getilgt worden ist; daraus ergibt sich, ob Heilung zum derzeitigen Zeitpunkt überhaupt möglich ist. Ferner muß der Heiler herausfinden, welche innere Haltung des Kranken die karmische

Energie verursacht hat. Erst dann kann er die Behandlungsweise bestimmen, die, wenn möglich, sogar Heilung hervorrufen kann. Wie erkennt der Heiler, ob eine Krankheit einer karmischen Schuld entspringt? Er muß die Aura des Menschen betrachten und die unmittelbare Umgebung der Aura. Der Heiler muß sich jene Feinfühligkeit aneignen, die es ihm erlaubt, entweder die Aura des Kranken zu sehen oder mit den Händen zu erfühlen. Wer die höhere geistige Wahrnehmungsfähigkeit entwickelt hat, wird mit Hilfe seiner Intuition zu besseren Ergebnissen gelangen, als wenn nur die inneren Sinne der Formbereiche Anwendung finden.

Handelt es sich bei einer Krankheit um karmische Energien, womit er den Preis für weit zurückliegenden uralten Irrtum bezahlt, dann befinden sich in der Aura des Kranken und um ihn herum dunkle, Nebelschwaden ähnliche Energiegebilde. Nimmt der Heiler diese wahr, muß er das Ausmaß dieser Nebelschwaden zu erkennen versuchen. Er muß feststellen, wieviel sich davon noch außerhalb der Aura befindet und wie weit sie in die inneren Bereiche sowie in den physischen Körper vorgedrungen sind. Ist der Kranke im Begriff, den Rest der dunklen Energiegebilde (sie sind meist auch farbig) in seine Aura aufzunehmen, dann kann er mit dem Heilungsprozeß beginnen. Ist der ganze Ätherkörper noch durchtränkt von derartigen Gebilden, dann wird der Heilungsprozeß langsamer vonstatten gehen, und er muß sogar mit Krisen im Verlauf der Heilung rechnen. Diese werden dadurch ausgelöst, daß unter Umständen bei den Heilungsbemühungen die gesamte karmische Energie in Bewegung gerät. Der Heiler muß dann sehr vorsichtig ans Werk gehen, mit seinen Energien sparsam umgehen, sonst können sich diese negativen Energien an den Verbindungsstellen, einmal zwischen Ätherkörper und Astralkörper oder zwischen Ätherkörper und physischem Körper, stauen, wodurch die freie Zirkulation der Energie zwischen den Bereichen teilweise oder ganz unterbrochen wird; das löst dann eine Krise aus, die unter Umständen den physischen Tod zur Folge haben kann. Diese karmischen Energien rufen folgende Reaktionen im Ätherkörper hervor (ich spreche hier von Energien, die nach der Geburt und nach dem harmonischen Aufbau der Persönlichkeit in den ätherischen Bereich eindringen):

1. Sie können sich um die Energiebahnen legen und die durchströmende Energie in ihrer Qualität und in ihrem Fließen beeinflussen.
2. Sie können sich an den oben erwähnten Verbindungsstellen ablagern und zu einer akuten Krankheit führen. Legen sie sich um die Energiebahnen, so folgen daraus oft chronische Krankheiten.
3. Sie können auf den Energiebahnen zum Fließen kommen, dann entsteht daraus meist ein schwerwiegendes Leiden, das eine starke Veränderung im physischen Bereich, aber unter Umständen auch im Astral- und Mentalbereich zur Folge hat (zum Beispiel Muskeldystrophie, Krebs, Schwachsinn, schwere Depression).
4. Legen sich diese karmischen Energiegebilde zu stark um die Aura des Menschen, werden sie durch mangelnden Kontakt nach außen nicht aufgenommen, kann daraus eine starke Vereinsamung und Auszehrung des Menschen entstehen.

Das sind die vier wichtigsten Reaktionen des Menschen

auf karmische Energien. Wir haben dabei im wesentlichen die Auswirkung im Ätherkörper und die daraus sich ergebenden Rückwirkungen in den anderen Bereichen berücksichtigt. Es darf aber nicht außer acht gelassen werden, daß karmische Energien auch über die astrale Aura Eingang in den Menchen finden. Hier wirken sich vorwiegend astrale Wesenheiten aus, die durch karmische Bande den auf Erden inkarnierten Menschen beeinflussen können. Der Heiler muß sein astrales Auge geschult haben, um diese Einflüsse erkennen zu können. Spätestens wird er dann darauf kommen, wenn den Bemühungen auf der ätherischen Ebene der Erfolg versagt bleibt. Ich möchte betonen, daß ich im Zusammenhang mit dieser Betrachtung Disharmonien, die einem falschen Verhalten in diesem Leben entspringen, nicht berücksichtige. Karmische Energien, die auf der Mentalebene aufgenommen werden, sind zwar seltener, treten aber auch auf, und der Heiler tut gut daran, auch diese Ebene mit in sein Bewußtsein aufzunehmen.

Wir haben bis jetzt nur den ersten Punkt der Einflüsse, aus denen Krankheiten entstehen können, näher beleuchtet. Wir wollen in diesem Brief noch den zweiten Einflußbereich näher betrachten, um im nächsten Brief fortzufahren.

Unter Punkt zwei heißt es: „Das allen Menschen gemeinsame Erbteil an jenen verdorbenen Energieströmen, die im Verlauf der Evolution erzeugt wurden." Der Mensch ist Teil eines Ganzen, und es besteht, wie schon erwähnt, eine starke Wechselbeziehung innerhalb des planetarischen Lebens. Der Mensch hat Anteil am Leben aller und somit auch Anteil an jenen negativen Energieströmungen, die innerhalb des planetarischen Logos kreisen. Sie können das Gehen des einzelnen beflügeln oder auch hemmen, und wenn die Menschheit gelernt hat, sich als eine Einheit, als ein Zentrum von Kräften und Energien zu verstehen, dann werden sich auch in verstärktem Maße die antreibenden lichten Energien derer, die auf ihrem Weg weiter vorangeschritten sind, bemerkbar machen. Solange der Mensch in seiner Persönlichkeit verhaftet ist, nimmt er Anteil an Freud und Leid des planetarischen Lebens. Erst nach Erreichen einer ganz bestimmten Entwicklungsstufe wird es ihm möglich sein, seine Träger so stark mit Seelenenergien zu durchdringen, daß sie nicht mehr den planetarischen Strömungen unterworfen sind. Der Boden materiellen Lebens ist seit Generationen mit Energien unterschiedlicher Art durchtränkt, und solange der einzelne seine Energien hauptsächlich aus den ihn umgebenden Formbereichen aufnimmt, wird er von diesen beeinflußt, und können sie Krankheit und Disharmonie hervorrufen. Wenn die Masse der Menschen das verstehen lernt, wird eine größere Solidarität sich unter den Menschen ausbreiten. Der einzelne wird erkennen, daß er mit seinem Leid nicht allein dasteht, und als Folge dieser Erkenntnis wird eine größere Hilfsbereitschaft sich einstellen, guter Wille, das Leid gemeinsam zu überwinden, wird die Folge sein. Dieser gute Wille ist wiederum Ergebnis eines stärkeren Seelenkontaktes. Die Menschheit wird gemeinsam dieses Ziel des Kontaktes anstreben. Das Gruppenbewußtsein entwickelt sich daraus, und das Verschwinden von Krankheit auf Erden wird der Lohn aller Bemühungen und Entbehrungen sein. Wir dürfen nicht vergessen, daß die Menschheit ihren planetarischen Weg auf dem vierten Evolutionsstrahl geht, den Weg durch Konflikt zur Harmonie. Eines Tages wird die lichtere Qualität dieses Strahles im Vordergrund stehen, und man wird von dem „Strahl der Schönheit und Harmonie" sprechen.

5. Brief

Lieber Strebender!

Am Anfang dieses Briefes wollen wir uns mit der rechten Mitarbeit des Kranken befassen. Wenn Du einen Menschen zu heilen beabsichtigst, dann sorge dafür, daß er mitarbeitet. Der Mensch ist es, der sich selbst heilen muß, Du gibst ihm nur die Mittel dazu. Je bewußter der nach Heilung Strebende jedoch mitarbeitet, desto wirksamer wird die Heilung sein. Gib Dich bei der Heilung nicht mit momentanen Erfolgen zufrieden, sondern trachte danach, wahre Heilung zu bewirken. Diese tritt dann ein, wenn der Heilungsuchende die Mängel beseitigt, die ähnliche Leiden wieder erzeugen können.

Wie kann der Kranke den Prozeß der Heilung beeinflussen? Vorausgeschickt sei, daß er den Prozeß positiv und negativ beeinflussen kann.

> Wer ständig sich mit seiner Krankheit beschäftigt,
> pflegt sie, anstatt ihr die Tür zu weisen.

Ziehe deshalb das Bewußtsein des Kranken von seiner Krankheit ab. Zeige ihm und laß es ihn erleben, wie schön es ist, frei von Krankheit zu sein. Laß kein „aber..." gelten, sondern führe sein Bewußtsein in den Zustand der Gesundheit.

> Wer im Bewußtsein die Krankheit festhält,
> kann nicht gesund werden!

Lenke sein Bewußtsein von der Stelle des Schmerzes, der Disharmonie ab auf Teile seines Körpers, die sich in Harmonie befinden, und führe sein Bewußtsein hin zum Guten und Schönen.

Wer sein Bewußtsein dorthin lenkt,
wo der Schmerz sitzt, verstärkt ihn.

Durch die erhöhte Aufmerksamkeit, die man der schmerzenden Stelle schenkt, werden Energien in diesen Bereich gelenkt, die den Zustand verschlimmern. Der Mensch nährt selbst seine Krankheit, solange er ihr einen Raum in seinem Bewußtsein einräumt. Nur wer die Stelle der Disharmonie (bei seiner Konzentration darauf) in voller Gesundheit sehen und fühlen kann, ohne dabei Disharmonien wahrzunehmen, kann durch derartige Konzentration die krankheitsaustreibenden Energien an den Ort der Disharmonie lenken, und alles wird gut. Die Energien werden ausgetrieben oder umgewandelt, ganz nach der Gelegenheit, die sich gerade anbietet. Nur dann, wenn bei diesem Selbstheilungsprozeß die Harmonie bereits wahrgenommen wird, und nichts weiter als die Harmonie, können sich die so gelenkten Energien heilend auswirken. Das wird nicht jedem Kranken möglich sein, und bei allem Bemühen, die Mitarbeit des Kranken zu fordern, sollten wir dennoch bestrebt sein, den Kranken nicht zu überfordern. Man muß ihn erst zur Mitarbeit anregen, später kann man ihm mehr und mehr den Heilungsprozeß übertragen.

Wenn wir unser Bewußtsein auf einen bestimmten Bereich konzentrieren, dann lenken wir gleichzeitig Energien in diesen Bereich. Von den vorherrschenden Gedanken und Empfindungen hängt es ab, welche Qualität der Energie innewohnt. Wir können Energien aufbauender Natur an den Ort der Krankheit lenken oder abbauende Energien, sie können einen umwandelnden, ablenkenden oder einen durchlichtenden Charakter haben. Du mußt Dich darin schulen, die unterschiedlichen Energiequalitäten wahrzunehmen. Konzentriere Dich einmal auf die verschiedenen Qualitäten: aufbauend, umwandelnd, ablenkend, abbauend und durchlichtend, und schreibe auf, was Du bei den einzelnen Aspekten wahrnimmst. Das ist eine sehr wichtige Übung, denn wer Energien und Kräfte in ihren verschiedenen Aspekten nicht unterscheiden kann, wird Mühe haben, die rechte Energiequalität für seine Heilungsarbeit zu verwenden. Nimm täglich eine andere Energiequalität, laß Dich ganz von ihr durchdringen, versuche auch zu erfahren, welches Zentrum bei welcher Energie besonders angesprochen wird.

Meditationsarbeit

Wir wollen in diesem Zusammenhang gleich auf Deine weiteren Übungen eingehen:

Die oben erwähnte Konzentrationsarbeit sollte täglich einmal durchgeführt werden.

Die Atemübung wollen wir jetzt verändern, und Du bekommst mit der nachstehend aufgeführten Übung ein Mittel in die Hand, um Dein Nervensystem zu reinigen und zu beruhigen. Diese Übung kann auch an jene Heilungsuchenden weitergegeben werden, die unter schwachen Nerven leiden und leicht reizbar sind. Die Übung heißt: Nadi Sodhana, Reinigungsatmung:

Man öffnet die rechte Hand und legt Mittel- und Zeigefinger in die Handfläche zurück. Der Daumen schließt das rechte Nasenloch, Ringfinger und kleiner Finger schließen das linke Nasenloch. Man muß jedoch eine bestimmte Stelle der Nase zudrücken, um das Nasenloch richtig zu schließen. Setze Deine Finger in die Nähe der Augenbrauen, fahre dann langsam entlang dem Nasenbein herunter. Gerade unter dem knöchernen Nasenflügel erreichst Du mit den Fingern ein Gewebe, welches auf geringen Druck hin zurückweicht, und dadurch wird das Nasenloch geschlossen. Drücke wechselseitig auf diese Stelle, um die Luftzufuhr zu unterbinden und nur mit der Fingerkuppe, nicht mit den Nägeln.

Wir halten auch bei dieser Übung die Wirbelsäule gerade, die Haltung ist entspannt und auf die Übung konzentriert. Die Augen werden zur besseren Konzentration geschlossen.

1. Man atmet langsam und vollständig durch die Nase aus, ehe man mit einer Atemübung beginnt. Die Nasenflügel werden dabei noch nicht geschlossen, man ist jedoch in Bereitschaft, dies zu tun.

2. Atme links langsam und lautlos ein, wobei das rechte Nasenloch mit dem Daumen geschlossen wird. Man stellt sich dabei vor, daß der einfließende Energiestrom den Energiekanal (Ida) linksseitig im Rückenmark bis zur Basis der Wirbelsäule herunterfließt.

3. Am Schluß der Einatmung, die langsam und zwanglos erfolgen soll, werden beide Nasenlöcher geschlossen. Zwei bis drei Sekunden hält man den Atem an.

4. Das linke Nasenloch bleibt geschlossen, und man atmet durch das rechte Nasenloch vollständig aus, indem man sich vorstellt, daß die Energie im rechtsseitigen Ener-

giekanal (Pingala) innerhalb der Wirbelsäule aufsteigt. Beide Energiekanäle enden in den Nasenlöchern.

5. Ist die Lunge leer, tritt wieder ein kurzer Atemverhalt ein, indem beide Nasenlöcher geschlossen werden.

6. Das linke Nasenloch bleibt geschlossen, das rechte wird zum langsamen und lautlosen Einatmen geöffnet. Wieder stellt man sich vor, daß die eingeatmete Energie, diesmal im rechten Energiekanal, bis zur Basis der Wirbelsäule herunterfließt.

7. Beide Nasenlöcher werden wieder geschlossen und der Atem angehalten. Danach läßt man die Energie im linken Energiekanal aufsteigen und atmet währenddessen langsam aus.

8. Nach dem Schließen beider Nasenlöcher und einem kurzen Atemverhalt beginnt die Übung von vorne.

Zehn Minuten lang möge diese Übung durchgeführt werden, danach gehe in die Meditation. Nach einem Monat soll diese Atemübung dahingehend eine Erweiterung erfahren, daß Du Dir beim Hinab- und Hinaufführen der Energie kurz alle Energiezentren bewußt machst und sie dadurch stimulierst.

Kommen wir noch einmal auf die Atemübung zurück: Am Anfang muß man sich noch auf die Stellung der Finger konzentrieren. Wenn sich der Wechsel automatisch vollzieht und der Energiestrom frei entlang der Wirbelsäule fließt, dann konzentriert man sich besonders im ersten Monat der Übung auf die Bewegung des Pranas und sieht, wie alle Energiebahnen (Nadis) im Ätherkörper von Verstopfungen befreit werden. Wenn Du einem Patienten diese Atemübung empfiehlst, dann lege Wert darauf, daß er seine Vorstellungskraft dabei einsetzt. Die freien Nasengänge tragen viel zur besseren Gesundheit bei, indem sie den freien Lauf der Energieströme durch den Körper fördern. In den Nervenbahnen befinden sich oft Ablagerungen, die dadurch entstehen, daß heftige Emotionen diese Bahnen erschüttern und den freien Energiefluß blockieren.

Ich halte es für sinnvoll, noch einmal auf die Konzentration auf bestimmte Körperbereiche einzugehen. Durch die Konzentration auf einen Bereich lenkst Du alle in der Persönlichkeit frei fließenden Energien an den Ort Deiner Konzentration. Verwechsle Konzentration aber nie mit Stauung, die leicht eintreten kann, wenn man sich über das Wesen der Konzentration nicht klar ist. Du hast, und das ist zu beachten, gebundene Energie in Deiner Persönlichkeit, die benötigt wird, um das Leben der einzelnen Träger aufrechtzuerhalten, und Du hast relativ frei fließende Energie, die Dir zu all Deiner Tätigkeit zur Verfügung steht. Die meisten Menschen arbeiten nur mit einem Teil dieser frei fließenden Energie, während der andere Teil zurückgehalten wird. Diese zurückgehaltene Energie kann sich stauen und so zu Krankheit führen. Du hast außerdem noch einen Energievorrat in jedem Träger, den Du durch verstärkte Aktivität anrufen kannst. Man sollte aber nur in den seltensten Fällen an diese Reserven gehen, weil die wenigsten Menschen fähig sind, diese Vorratskammern mit Hilfe von Seelenenergien aufzufüllen. Besser ist es, im Bedarfsfall Seelenenergien direkt für die Aktivität anzuziehen. Durch Deine Konzentration gibst Du der frei fließenden Energie eine ganz bestimmte Richtung. Es sind, den Persönlichkeitsträgern entsprechend, relativ neutrale Energien und nur gefärbt durch die Qualität der einzelnen Träger, wenn Du sie ohne bestimmte Gedankenimpulse handhabst. Du kannst der Energie mit Hilfe Deiner Gedanken und Emotionen, angetrieben durch die Willenskraft, eine zusätzliche Qualität aufprägen.

Konzentrierst Du nun Deine Energie auf einen ganz bestimmten Körperbereich, dann fließt die Energie dorthin und ruft Reaktionen in diesem Bereich hervor. Wenn Du Dich nicht ungeteilt auf Dein Konzentrationsobjekt konzentrieren kannst, das heißt, wenn Du noch andere Aspekte in Deinem Bewußtsein aufrechterhältst, dann kommt auch nur ein Teil der frei fließenden Energie an. Die Reaktion im Körper ist schwach und die Wirkungen nicht die, die sie sein könnten. Nimmt die Konzentrationsfähigkeit im Laufe des Bemühens zu, dann treten durch die Konzentration auf bestimmte Körperteile deutlich wahrnehmbare Wirkungen auf. Du kannst in diesen Körperbereichen Wärme, ein leichtes Ziehen oder Kribbeln empfinden, und wenn Du Dich sehr gut konzentrieren kannst, dann nimmst Du sogar den Pulsschlag in jedem Körperbereich wahr.

Heilmethoden

Wir kommen nun zu einer Heilmethode, die zur Zeit unter den Geistheilern noch sehr verbreitet ist. Es ist eine Methode, bei der der Heiler sich als Mittler zwischen dem Kranken und Wesenheiten betrachtet, die auf den inneren Daseinsebenen leben.

Der Heiler bedarf zu dieser Methode der Fähigkeit, sich selbst in den Hintergrund zu stellen. Er muß sich zu einem reinen Werkzeug und Energiekanal machen, sonst läuft er Gefahr, negativen Kräften zu unterliegen. Oft versteht man unter der geistigen Heilung diese Heilmethode und übersieht, daß es auch noch andere geistige Heilmethoden gibt. Man kann sagen, daß sie die typische geistige Heilung darstellt. Der Heiler muß dazu eine Ausbildung zum Medium erhalten, um sich dieser Methode zu bedienen. Die Heilung wird einer inneren Wesenheit überlassen, und diese wird oft als Engel bezeichnet, oder man nimmt an, Kontakt zu verstorbenen berühmten Ärzten zu haben. Wir wollen hier nicht untersuchen, um welche Wesenheiten es sich dabei handelt, das muß von Fall zu Fall entschieden werden. Lassen wir auch jene Täuschung außer acht, daß der Heiler zwar Anschluß an einen Heilstrom hat, jedoch nicht an eine Wesenheit. Untersuchen wir die Art und Weise, wie eine Heilung durch ein Medium vor sich geht:

Der Heiler muß sich in einen Trance-Zustand versetzen. Das ist ein Zustand, in dem alle Persönlichkeitsbereiche in Ruhe und Harmonie schwingen müssen und der Heiler sich bewußtseinsmäßig von sich selbst entfernt, um es einer anderen Wesenheit zu erlauben, durch die Persönlichkeit zu wirken. Die Intensität des Heraustretens aus dem ätherisch-physischen Bereich bestimmt, wieviel der Heiler von dem wahrnimmt, was durch ihn geschieht. Man teilt diese Trance-Zustände ein in Teil- und Volltrance. Im Teiltrance-Zustand bleibt dem Medium das Geschehen bewußt, während im Tieftrance-Zustand das Bewußtsein des Mediums an dem Geschehen nicht teilhat.

Die für die Heilung erforderlichen Energien werden durch die Träger (Körperbereiche) des Mediums gelenkt. Das Medium selbst bleibt dabei in einem relativ passiven Zustand. Der wahre Heiler ist das Wesen auf innerer Ebene. Die Kunst des Heilens besteht darin, sich genügend durchlässig zu machen und demütig genug zu sein, um zu-

150

rücktreten zu können. Es können von der jenseitigen Ebene auch geistige Operationen durchgeführt werden, wie es bei den philippinischen Heilern der Fall ist. Der Heiler wird bei der Übertragung von Heilenergien als Kanal und Umpolstation benötigt, um die Energien von der inneren Ebene in den physischen Körper des Kranken zu leiten und sie in jene Schwingungsfrequenz zu bringen, in der sie vom Kranken aufgenommen werden können. Diese Arbeit geschieht vom Heiler relativ unbewußt, er lehnt sich ganz an den inneren Heiler an. Die Art der energetischen Übertragung ist so vielgestaltig wie die Medien, welche die Heilung mit Hilfe Jenseitiger praktizieren.

6. Brief

Lieber Strebender!

Um dem Kranken wirklich helfen zu können, müssen wir immer wieder versuchen, die Ursachen der Krankheit herauszufinden. Der Mensch ist, in seiner äußeren Erscheinung, eine Zusammenballung von Energien und Kräften, die sich in der Persönlichkeit in drei Formbereichen auswirken. In jedem der drei Formbereiche muß das Bewußtsein verankert und der Mensch fähig sein, sie nach seinem Willen zu beleben und zu gebrauchen. Es liegt nun in der Natur des Menschen, den einen oder anderen Bereich überzubewerten und damit sein Bewußtsein vorwiegend in einem Bereich zu verankern. Das hat zwangsläufig ein unausgeglichenes Kräfteverhältnis in allen drei Bereichen zur Folge. Man kann aus diesem Grunde die Menschen einteilen in vorwiegend mental, emotional oder physisch betonte, letzteres ist seltener der Fall.

Der Heiler hat es in seiner Praxis oft mit Patienten zu tun, die nicht ganz in ihrem physischen Körper verankert sind. Sie können ein übersteigertes Astral- oder Mentalbewußtsein besitzen, jedoch nicht fähig sein, den physischen Körper ganz in Besitz zu nehmen. Oft kann man feststellen, daß ihr Verhältnis zum Körper oder zu Teilen des Körpers gestört ist. Wenn der gesamte Körper nicht in rechter Weise angenommen wird, dann kann die Ursache darin bestehen, daß zum Beispiel durch geistiges Streben der Körper als etwas Negatives betrachtet wird. Wir haben dann ei-

nen Menschen vor uns, der leicht abwesend ist, an Energiemangel leidet und die damit auftretenden physischen Mängel wie Unterfunktionen und Schwäche zeigt. Einher geht
diese Erscheinung oft mit Willensschwäche und mangeln-
der Fähigkeit, bewußtseinsmäßig und energetisch ganz da
zu sein. Auf der anderen Seite muß der Heiler beachten,
daß der physische Körper die niedere Entsprechung zur gesamten Persönlichkeit darstellt, und ein Mangel an rechter
Hinwendung zum Körper auch eine Ursache im nicht
rechten Annehmen seiner Persönlichkeit haben kann.
Diese Menschen bejahen sich meist nicht genügend und
möchten immer ganz anders sein, als sie gegenwärtig sind.
Es sind Menschen, die einen Mangel an Selbstvertrauen
aufweisen und mit Minderwertigkeitskomplexen beladen
sind.

Man kann nun versuchen herauszufinden, wo die Ursache dafür liegt, und die Psychologen verweisen diese Ursachen in die frühe Kindheit. Wir werden auf die Ursachen
ein anderes Mal noch eingehen. Aufgabe des Heilers ist es,
diesen Menschen zur rechten Inkarnation zu verhelfen.

Wenn gesagt wird, daß der Körper eine niedere Entsprechung zur gesamten Persönlichkeit darstellt, dann ist es
ratsam, die drei Formbereiche ihrer Entsprechung nach im
physischen Körper aufzuzeigen:

1. Der Mentalkörper hat seine niedere Entsprechung im
   Bereich des Kopfes, und wir haben es hier mit dem
   Scheitel- und dem Stirn-Zentrum als Einlaßtore für
   mentale Energien zu tun. Krankheiten in diesem Bereich weisen auf einen falschen Gebrauch des Mentalbereiches hin. Über den Bewußtseinsfaden, der von der
   Seele ausgeht und im Mentalbereich die stärkste Reak-

tion auf Seelenimpulse hervorruft, gelangen die Energien in das physische Gehirn, um uns dort die Seelenimpulse in Form von Gedanken bewußt zu machen.

Gelingt es dem Menschen nicht, einen freien Energiefluß von der Mentalebene bis zum Gehirn herzustellen, kann dies zu den verschiedensten Komplikationen in diesem Bereich führen, abgesehen von den Rückstauungen oder Überreizungen, die Mentalkrankheiten zur Folge haben. Stauen sich die Energien im Kopfbereich, rufen sie einen Druck oder Kopfschmerzen hervor, dann muß der Heiler für ein Ableiten der Energien über den Hals in den übrigen Körper sorgen. Es ist günstig, die Energien bis zum Basis-Zentrum herunterzubringen. Die niedere Entsprechung zum Scheitel-Zentrum ist das Basis-Zentrum. Man bezeichnet Menschen mit derartigen Stauungen als kopflastig, und der untere Körperbereich vom Basis-Zentrum bis zu den Füßen wird oft bewußtseinsmäßig nicht recht ausgefüllt. Das Bewußtsein muß dann bis in die Füße heruntergebracht werden.

Zu bedenken ist, daß der Mentalbereich und damit auch die Kopfzentren die Ausdrucksorgane für den Geist oder Willensaspekt des Menschen sind, und der Heiler für einen rechten Gebrauch des Willens zu sorgen hat. Es ergibt sich aus dem eben Dargelegten folgende Entsprechung:

a) Geist = Willensaspekt des Menschen
b) Mentalbereich = niedere Entsprechung des Geistes in der Persönlichkeit
c) Kopfbereich mit den entsprechenden Zentren = niedere Entsprechung des Mentalbereiches

d) Basis-Zentrum, der umliegende Bereich bis zu den Füßen = niedere Entsprechung zum Kopfbereich.

Der Heiler muß lernen, das Gesetz der Entsprechung bei seinen Heilbemühungen zu berücksichtigen, nur so wird er das Oben mit dem Unten in rechter Weise verbinden können und einen freien Energiefluß gewährleisten.

2. Der Astralkörper hat seine niedere Entsprechung im Bereich des Herz- und Solarplexus-Zentrums. Jede Unausgeglichenheit im Astralkörper spiegelt sich besonders in der Herz-, Lungen- und Magengegend wider. Einlaßtore für astrale Energie sind die oben erwähnten Zentren, und es ist zu beachten, daß der Ätherkörper immer der Vermittler der Energien und Kräfte ist, die von oben nach unten und von unten nach oben fließen. Daraus kann der Heiler schließen, daß der Ausgangspunkt einer Krankheit in der physischen Ebene auch im Ätherkörper zu suchen ist und hier zuerst seine Therapie ansetzen muß. Der Ätherkörper wird der physischen Ebene zugerechnet.

Der Astralkörper stellt die niedere Entsprechung der Seelenebene in der Persönlichkeit dar, das heißt, alle Energien, die aus dem Reich der Seele über den Lebensfaden in die Persönlichkeit einfließen, rufen die stärkste Reaktion im Astralkörper hervor. Von hier aus gelangen dann die Energien, die mit Hilfe astraler Reaktionen in Kräfte umgewandelt wurden, über den Lebensfaden durch den Ätherkörper in das Herz- oder in das Solarplexus-Zentrum. Das Solarplexus-Zentrum stellt die niedere Entsprechung des Herz-Zentrums dar. Alle ethisch hochstehenden emotionalen Regungen fließen durch das Herz-Zentrum, erweitern es und machen es durchlässiger. Alle egozentrischen Energien fließen ebenfalls durch das Herz-Zentrum, verengen die Durchlaßkanäle und rufen Verkrampfungen und Stauungen im umliegenden Bereich hervor.

Die impulsiven Energien und alle emotionalen Energien, die der Mensch mit dem Tierreich gemeinsam hat, ausgenommen die Liebesenergien, fließen durch das Solarplexus-Zentrum. Die impulsiven Energien führen zur Überstimulierung, lassen die emotionalen Energien stoßartig durch das Zentrum fließen und führen zu Überreizungen im umliegenden Bereich.

Angstenergien rufen Verkrampfungen hervor und diese sind ein Energiemangel infolge der Unfähigkeit, Energien frei durch das Zentrum fließen zu lassen. Atemübungen, die diesen Bereich beleben, können augenblickliche Abhilfe bringen, es sei denn, die Verkrampfungen haben sich schon so stark physisch manifestiert, daß andere Therapien notwendig werden. Die aufbauenden emotionalen Energien, die der Mensch mit dem Tierreich gemeinsam hat, wie zum Beispiel alle kontrollierten triebhaften Energien und instinktive Gefühle, machen das Solarplexus-Zentrum frei und gewährleisten einen ungehinderten Energiefluß. Will man die niederen Instinkte und die Triebhaftigkeit überwinden, dann muß die Energie, die aus diesen Lebensaspekten kommt, über das Herz-Zentrum geleitet und auf dem Grundton der Liebe und des Allgemeinwohls ausgesandt werden. Dadurch findet eine Entlastung des Solarplexus-Zentrums statt. Dieser Vorgang muß ganz langsam durchgeführt werden, damit keine Überbelastung des Herz-Zentrums stattfindet. Der Heiler kann, um diese Gefahr auszuschalten, die Energien über eines der beiden Manifestationszentren ableiten.

3. Wir kommen damit zum dritten Punkt der Betrachtung über die Entsprechung der Zentren im Ätherkörper, zu den Persönlichkeitsebenen und zu dem göttlichen Teil des Menschen. Von der Seelenebene geht ein weiterer starker Energiefaden in die Persönlichkeit und hilft dem Menschen, sich im physischen Bereich zu verankern. Diese Energiebahnen bezeichnet man als Manifestationsfäden, sie stimulieren das Kehl-Zentrum.

Betrachten wir erst einmal die Entsprechungen:

Die höhere Entsprechung des Ätherkörpers stellt der Kausalkörper dar, er ist Bestandteil des höheren Menschen, und von hier fließen die kausalen Energien, die eine Manifestation und damit eine Formgebung erlauben, über die entsprechende Energiebahn in den Ätherkörper, stimulieren ihn und benutzen das Hals- und Sakral-Zentrum als Tore, um den physischen Körper mit entsprechenden Energien zu versorgen und ihn zur Tätigkeit und Manifestation der Impulse, die aus dem Reich der Seele oder Persönlichkeit kommen, zu veranlassen. Der Wille zum Dasein auf dem physischen Plan, der Wille, sich zu verwirklichen, stimulieren diese beiden entsprechenden Zentren. Auch diese Energien hat der Mensch mit dem Tierreich gemeinsam, wobei das Solarplexus-Zentrum das Zentrum ist, das derzeit auf diese Energien am stärksten reagiert.

Betrachten wir die beiden Zentren in ihrer Entsprechung zueinander, so stellt das Hals-Zentrum die höhere Entsprechung dar. Alle koordinierten schöpferischen Energien fließen über das Hals-Zentrum ein, stimulieren es, geben dem Menschen gestalterische Fähigkeiten, sich in Form und Sprache auszudrücken. Alle Willensenergien zum physischen Dasein und alle Energien zur Fortpflanzung und zur Bewegungsfähigkeit benutzen das Sakral-Zentrum als Durchlaßventil. In diesem Zusammenhang sei noch einmal darauf hingewiesen, daß die Zentren Bestandteile des Ätherkörpers sind, die physische Entsprechungen aufweisen und als Empfangs- und Durchlaßkanäle sowohl für den Äther- als auch für den physischen Körper zu betrachten sind.

Die Freude am Dasein, die Freude, sich mitzuteilen, benutzen zum Beispiel den Solarplexus und das Sakral-Zentrum. Wer nicht fest in seinem Becken ruht, wird sich nie richtig verwirklichen können. Wer die Freude am Dasein nicht richtig ausgeprägt hat, wird bei allem, was er tut, und bei allen Begegnungen nur halb anwesend sein. Der Wille zum Dasein stimuliert das Sakral- und das Basis-Zentrum, das heißt, über das Basis-Zentrum, das die niedere Entsprechung des Scheitel-Zentrums darstellt, steigt die Willensenergie, die das Einlaßtor im Scheitel-Zentrum hat, in das Sakral-Zentrum auf, läßt dort die Freude am Dasein entstehen, fließt dann zum Herz-Zentrum und ruft dort die Liebe zum Dasein hervor. Ohne rechte Verankerung des Willens zum Dasein im Basis-Zentrum, wo das Ganz-oben mit dem Ganz-unten verbunden wird, ist ein festes Stehen auf der physischen Ebene unmöglich.

Der Wille, die Freude und die Liebe zum Dasein sind jene Kräfte, die den Menschen zur rechten Inkarnation verhelfen. Fehlt eine Energie, dann tritt ein Ungleichgewicht ein und daraus ergibt sich ein Mangel an rechter Inkarnation.

Der Heiler muß nun versuchen, das Ungleichgewicht auszugleichen, indem er eine der drei erwähnten Energiearten stärker zum Fließen bringt und so das Grundübel aller physischen und ätherischen Krankheiten löst. Es ist auch darauf zu achten, daß keine dieser Energien übermäßig betont wird, wodurch eine Überreizung der entsprechenden Zentren und Bereiche zustandekommt. Tritt eine Überreizung auf, dann hat das zur Folge, daß eine zu starke Verankerung und Identifizierung mit der Form ausgelöst wird. Ist eine Energie nur mangelhaft anwesend, dann tritt eine Auszehrung ein, und der betreffende Mensch ist dann in dem entsprechenden Bereich nicht genügend verankert (inkarniert).

Wer den geistigen Weg gehen will, wer sich auf das Göttliche und damit nach oben ausrichten will, muß sich zuvor richtig inkarniert haben. Man kann nur in dem Maße die Formbereiche harmonisch verlassen, wie diese zuvor ganz in Besitz genommen wurden. Einen Raum kann man nur verlassen, wenn man sich zuvor in dem Raum befunden hat. Das Unbewußte einer Ebene hält uns wie an einer Kette fest und verlangt nach Bewußtwerdung. Diese Bewußtwerdung wird oft zwangsläufig durch das Einleiten einer Disharmonie (Krankheit) erzwungen. Der Heiler hat dafür Sorge zu tragen, daß auch unter diesem Aspekt Krankheit überwunden wird. Er muß selbst für sich feststellen, inwieweit er all seine Bereiche voll in Besitz genommen hat und damit auch fest im ganzen physischen Körper verankert ist, ohne dadurch ein Ungleichgewicht entstehen zu lassen.

Darum soll in den nächsten zwei Monaten folgende Übung durchgeführt werden:

1. Der Übende macht sich seinen gesamten Kopfbereich bewußt und atmet in diesen Bereich hinein. Ohne Zwang, ohne Verkrampfung soll diese Übung durchgeführt werden. Setze drei Minuten dafür an.
2. Führe die gleiche Übung in gleicher Zeit mit dem Halsbereich durch.
3. Gehe dann zum Brustbereich über und beziehe den Solarplexus mit dem umliegenden Bereich mit ein.
4. Verlagere das Bewußtsein in den gesamten Beckenraum und fülle diesen ganz aus.
5. Gehe dann zu den Beinen über, die ebenfalls voll in dein Bewußtsein genommen werden sollen und stelle dich damit fest auf den Boden des physischen Daseins.

Man durchatmet jeden Bereich, und wer sich in einem Bereich nicht fest verankert hat, wird das bei dieser Übung bemerken und muß im täglichen Leben diesem mehr Aufmerksamkeit schenken.

Diese Übung tritt an die Stelle der bisherigen Atemübung.

Heilmethoden

Eine Heilmethode, die wir in den Rahmen der mystischen Heilung eingliedern können, ist die, durch liebevolle Hingabe zum Kranken, dem Patienten die Krankheit abzunehmen. Liebe und Hingabe sind die Grundvoraussetzungen, um diese Methode der Heilung durchzuführen.

Man kann sagen, jede Krankheit stellt eine Störung im Energiehaushalt des Menschen dar. Krankmachende Energien sind Energien, die fehlgelenkt sind. Der Heiler bemüht sich, diese Energien aus dem Kranken herauszuziehen. Mit einem Willensakt zieht er die Energien an, nimmt sie auf und weiß auf Grund der dabei auftretenden Wirkung im eigenen Körper genau, wo die Krankheit des Patienten ihren Sitz hat. Seine eigenen Bereiche reagieren auf die krankmachenden Energien mit den gleichen Symptomen wie beim Patienten, nur in abgeschwächter Form. Solange die Behandlung dauert, weiß der Heiler genau, ob und in welcher Intensität der Patient noch unter der Krankheit leidet. Der Heiler muß, um diese Art der Heilung durchführen zu können, ein hohes Maß an Identifikation mit dem Kranken und seinen Leiden aufbringen. Verläßt der Patient den Raum, so werden die noch im Heiler verbleibenden restlichen Krankheitsenergien aufgelöst, und der Heiler ist gesund wie vor der Behandlung. Leider kann der Heiler nicht immer die Energien restlos wieder in sich auflösen, so daß er Gefahr läuft, selbst für eine Zeit an der Krankheit zu leiden. Oft wird dieser Prozeß sogar bewußt herbeigeführt, und der Heiler spricht dann vom Übernehmen der Krankheit. Der Patient ist dann befreit, und der Heiler trägt für ihn den Rest der karmischen Verpflichtung, die er in der Krankheit sieht, ab. Wir wollen in diesem Zusammenhang nicht darauf eingehen, ob man für einen anderen eine karmische Verpflichtung abtragen kann oder nicht, sondern nur die Art und Weise dieser Heilmethode beleuchten. Der Heiler sagt zum Kranken: Wirf die Krankheit auf mich, und du bist frei!

Oft nimmt der Heiler die krankmachenden Energien nicht ganz in seinen Körper hinein, sondern sie verbleiben in der Aura. Die Abtragung geschieht dann zum Beispiel durch das Gebet. Der Patient kommt zum Heiler, der spricht ihn frei von der Krankheit und verpflichtet sich dem Göttlichen gegenüber, eine bestimmte Anzahl von Gebeten für den Kranken zu beten. Der Patient ist befreit, und der Heiler erfüllt seine versprochene Verpflichtung.

Eine andere Möglichkeit im Rahmen des Abnehmens von Krankheiten ist die, die Energien ebenfalls in die Aura hineinzunehmen und sie mittels der Strahlkraft des Heilers langsam aufzulösen. Der Patient kann bei dieser Möglichkeit auch gleich befreit sein, oder er muß mehrmals zum Heiler kommen, um ihm seine krankmachenden Energien zu überlassen.

Schafft es, in den oben aufgezählten Möglichkeiten, der Heiler nicht, die negativ gepolten Energien umzuwandeln, oder neigt er selbst zu einer der Krankheiten, die der Patient gerade mitbringt, so kann er selbst durch seine Heilbemühungen erkranken. Meistens arbeiten diese Heiler auch mit einem sehr starken Willen und fragen sich oft nicht, ob der Zeitpunkt zur Lösung der Krankheit gerade in dem Augenblick der Behandlung angebracht ist.

Vorsicht ist bei dieser Heilmethode des Abnehmens der Krankheit immer geboten.

Seele und Persönlichkeit

Sowohl physische wie psychische Krankheit hat ihren Ursprung im Guten, Schönen und Wahren; sie ist nur ein verzerrtes Spiegelbild göttlicher Möglichkeiten. Die gehemmte Seele, die nach voller Ausdrucksverleihung eines göttlichen Wesenszuges oder einer inneren geistigen Realität strebt, erzeugt in der Substanz ihrer Hüllen eine Reibungsstelle. Auf diesen Punkt konzentrieren sich die Augen der Persönlichkeit, und das führt zu Krankheit. Die Kunst des Heilers besteht nun darin, die nach unten gerichteten Augen nach oben, auf die Seele, den wahren Heiler zu richten. Dann lenkt das geistige oder dritte Auge die Heilkraft, und alles ist gut.

In diesem Gesetz wird die Ursache der Krankheit in das Reich der Seele verlagert. Sie sucht nach vollkommener Wesensäußerung durch die Form, und wenn diese dem Impuls der Seele nicht nachgeben kann, führt das zur Disharmonie zwischen dem Willen der Seele und der Reaktionsfähigkeit der Persönlichkeit. Die Seele sucht das Gute, Schöne und Wahre zum Ausdruck zu bringen, und das Unvermögen der Persönlichkeit läßt auf der physischen Ebene ein Zerrbild des Wesens der Seele entstehen.

Man könnte auch sagen, daß die Persönlichkeit ein Zerrbild der Seele darstellt. Alle Entwicklung geht nun dahin, aus dem Zerrbild ein Ebenbild, ein klares Spiegelbild der Seele zu gestalten. In diesem Entwicklungsprozeß, der von der Seele gesteuert wird, sind Krankheiten eine normale Begleiterscheinung. Ihr Ausmaß richtet sich nach dem Widerstand, den die Persönlichkeit dem Willen der Seele gegenüber leistet.

Wenn der Mensch das Gute will und diesem Wollen der Seele vollkommenen Ausdruck verleihen kann, dann besteht Harmonie zwischen dem Willen der Seele und der Reaktionsfähigkeit der Persönlichkeit. Ist das nicht der Fall, dann treibt die Seele die Persönlichkeit immer wieder aufs neue an, den Willen zum Guten zu entwickeln. Das Gute treibt das Böse aus der Form, und dieser Austreibungsprozeß wird, wenn man ihm nicht voll nachgeben kann, zwangsläufig Disharmonie erzeugen. Der Heiler muß nun den Kranken dazu veranlassen, das Gute zu wollen, in sich und im anderen das Gute zu sehen und ihm zur Offenbarung zu verhelfen. Anstatt sich von der Außenwelt abzukapseln, muß er bemüht sein, dem Kranken zu zeigen, wie man einen freien Energiefluß von innen nach außen herstellt und aufrechterhält. Das Gute zu wollen, heißt dem Gesetz der Evolution zu folgen, heißt sich als Glied eines großen Ganzen zu erkennen. Das Wohlbefinden des Nächsten muß im Kranken ein gutes Gefühl erzeugen, das ihm hilft, den gleichen Zustand zu erreichen. Die Disharmonie, die den anderen umgibt, muß den Kranken aufrufen, Harmonie für den anderen zu schaffen. Der Kranke muß darum besorgt sein, daß es dem anderen gut geht, dann werden die Augen von der eigenen Krankheit abgelenkt und auf das Gute für den anderen gerichtet, so kann schnelle Heilung erfolgen. Der Kranke erkennt, daß er gar keine Zeit hat, krank zu sein, und der gestaute oder fehlgelenkte Energiefluß kommt in die rechte Bewegung.

Man muß dem Kranken helfen zu erkennen, was die Seele durch ihn äußern will, und hier bestätigt sich die Auffassung, daß Krankheit eine Möglichkeit der Weiterentwicklung darstellt. Der Kranke muß in seiner Krankheit den Strom seines Lebens einmal anhalten, seine Richtung überdenken und in neue Bahnen lenken, in denen sich seine Seele besser offenbaren kann. Oft erlebt man es bei Kindern, daß sie nach einer Krankheit eine Veränderung zum Guten erfahren haben. Sie lassen den Prozeß sich vollziehen und gehen gestärkt aus der Krankheit hervor. Der Erwachsene bäumt sich gegen die Krankheit auf, er leistet ihr Widerstand und verschlimmert dadurch nur seine Lage. Könnte er sie genauso wie das Kind annehmen und vielleicht sogar bewußt mitarbeiten, daß das Ganze zu einem guten Abschluß gebracht wird, dann könnte er in viel größerem Maße das Gute während der Krankheitsperiode entwickeln und so seiner Krankheit einen tieferen Sinn verleihen.

Das Schöne, das die Seele auf ihrer eigenen Ebene darstellt, versucht sie durch die Persönlichkeit auszudrücken. Alle positiven Eigenschaften und Anlagen, die die Seele während der Wiederannahme der Formen in diese hineingelegt hat, sucht sie im Laufe des Lebens zu vollkommenem Ausdruck auf der physischen Ebene zu bringen. Beschäftigt sich der Mensch mit Dingen, die nicht im Plan der Seele aufgezeichnet sind, so wird die Seele korrigierend einzugreifen versuchen. Die im Menschen brachliegenden Gaben und Möglichkeiten werden durch Impulse der Seele aktiviert und können erst einmal (wenn der Mensch nicht erkennt, wohin seine Seele ihn lenken will) zu Disharmonien führen. Die in Bewegung gebrachten Energien stauen sich und rufen Krankheiten hervor. Die Aufgabe des Heilers ist es, mit dem Kranken herauszufinden, was in ihm zur Offenbarung drängt. Oft machen sich derartige, von der Seele kommende Impulse als Unzufriedenheit mit der augenblicklichen Situation bemerkbar. Läßt man dann die Dinge weiter so laufen wie bisher, entsteht eine Spannung zwischen dem, was ausgelebt werden soll, und dem, was ausgelebt wird.

Das Streben nach der Offenbarung des Schönen in sich sollte der Grundton aller Bemühungen nach Veränderung sein.

„Ändere Dein Leben,
wenn Du nicht mit ihm zufrieden bist!"
Das ist ein Aufruf, dem jeder folgen sollte.

166

Wenn vom Wahren in diesem Gesetz gesprochen wird, das ebenfalls zur Offenbarung drängt, so ist damit das Leben im göttlichen Gesetz gemeint und die ewige Suche des Menschen nach Wahrheit. Das Wahre vom Unwahren zu unterscheiden, danach sollte der Mensch streben, damit er die Wahrheit offenbare. Er soll Zeugnis ablegen von der Kindschaft Gottes. Gott ist die Wahrheit, und solange der Mensch die Wahrheit durch ein Leben in der Unwahrheit verleugnet, kann keine wahre Harmonie, keine wahre Liebe und keine Offenbarung des Göttlichen durch den Menschen erfolgen.

> „Lebe nach der Wahrheit, die Du zu erkennen imstande bist, und viele Krankheiten lösen sich von selbst."

Wir erkennen vieles als wahr und richtig, doch unser Handeln ist oft nicht dementsprechend. Ein derartiges Ungleichgewicht zwischen dem, was erkannt wurde, und dem, was ausgelebt wird, muß zwangsläufig zu Disharmonie führen. Diese Disharmonie äußert sich als Krankheit in vielen Bereichen. Dabei muß man im Bewußtsein behalten, daß wir nur Teile einer großen göttlichen Wahrheit erkennen können und immer bereit sein müssen, Erkanntes für Höheres aufzugeben, sonst fällt man in eine gewisse Erstarrung, und das führt zu Verhärtungen auf allen Ebenen menschlichen Lebens.

Der Heiler muß versuchen, das Denken, Fühlen und Handeln des Patienten in Einklang zu bringen, wodurch der Patient fähig wird, dem eigenen Wahrheitserkennen entsprechend zu leben. Er muß dem großen Ziel der Gottannäherung folgen, um der Wahrheit des Lebens näherzukommen. Die Seele dient einem größeren Plane und prägt ihn der Persönlichkeit zur Ausarbeitung auf. Kann der Mensch dieser Prägung folgen, entsteht Harmonie zwischen ihm, der Seele und dem göttlichen Plan; das ist es, wonach die Seele strebt, und sie wird nicht eher aufhören, ihre Impulse in die Persönlichkeit zu strahlen, auch wenn sie in ihr vorläufig Disharmonie erzeugen, bis diese Harmonie hergestellt ist.

„Folge willig dem Evolutionsprozeß, und die Krankheit wird mehr und mehr verschwinden."

7. Brief

Lieber Strebender!

Im vorherigen Brief haben wir darauf hingewiesen, daß viele Menschen sich nicht richtig inkarniert haben, und daß gerade von geistig Strebenden der Körper oft abgelehnt wird. Die Ursachen von Minderwertigkeitskomplexen und einer mangelnden Annahme des physischen Körpers oder Teilen des Körpers werden, wie berichtet, von den Psychologen in die frühe Kindheit verlegt. Die Kindheitserfahrungen sind jedoch nur Widerspiegelungen tieferer Ursachen, die in einem der vielen Vorleben zu suchen sind. Den meisten Heilern ist es nicht möglich, sich und dem Patienten Zugang zu den Vorleben zu verschaffen. Es gibt Methoden, die die entsprechenden Energien anfordern, wobei nicht nur an Hypnose zu denken ist. Man kann über bestimmte Körperpunkte und mentale Arbeit sich diese Erfahrungen bewußt machen. Diese Arbeit greift dann nahtlos in das Gebiet der Psychotherapie über, das ohnehin nicht ganz von der geistigen Heilung zu trennen ist.

Der geistige Heiler, der nach der Methode der mentalen Heilung arbeitet, sollte immer wissen, daß er bewußt Energien in und aus den verschiedenen Bereichen zu handhaben hat.

Geht man zur Ursachenfindung mit der Rückerinnerung an frühere unverarbeitete Erlebnisse heran, dann reicht es nicht aus, nur die Ursachen aufzuzeigen, sondern es muß der Erfahrungsprozeß von Anfang bis zum Ende (zur Speicherung im Kausalen) durchgegangen werden. Physische und psychische Krankheiten können ihren Ursprung darin haben, daß Erfahrungsprozesse nicht bis zum Ende durchlebt wurden, sondern vorher eine Unterbrechung erfahren haben. Ob es Erziehungsfehler sind, die sich als vermeintliche Ursache herausstellen, oder ob sich Ereignisse in einem Vorleben als ausschlaggebend erweisen, immer muß daran gedacht werden, daß nicht den Erziehungsfehlern oder Ereignissen die Schuld zu geben ist, sondern daß die daraus zu ziehenden Erfahrungen nicht in rechter Weise gemacht wurden. Wie sollte man sich die gegenwärtig anstehenden Erfahrungen aus den eingeleiteten Entwicklungsprozessen erarbeiten?

Jeder Entwicklungsprozeß, jeder Schicksalsschlag und jede schwierige Lebenslage sollte vollbewußt durchlebt werden. Eine Frau zum Beispiel, von der sich der Mann scheiden läßt, sollte ihre dabei auftretenden Gedanken und Gefühle nicht unterdrücken, sondern bereit sein, wenn dieses Ereignis als Schicksalsschlag erlebt wird, dieses auch bewußt als solchen zu erfahren. Die mit der Trennung verbundenen Gefühle sind menschlich, und es hieße wider seine Natur zu handeln, wollte man versuchen, die ganze Angelegenheit oberflächlich abzutun. Die meisten Menschen können nicht wirklich leiden. Sie wagen es nicht, in das Leid hineinzugehen. Wer aber nicht hineingeht, sondern am Rande stehenbleibt, sich gegen das Leid auflehnt, wird es nie überwinden können.

Die Annahme eines Leides, einer Krankheit, eines Schicksalsschlages ist der erste Schritt zur Überwindung. Viele unterdrücken einen Teil ihres Leides und werden deshalb nie ganz frei davon. Im Untergrund schwelt der

Brand weiter und führt dann später zu den verschiedenen physischen und psychischen Krankheiten. Die Menschen müssen lernen zu leiden, um das Leid zu überwinden. Darum muß der Heiler oft darangehen, den Patienten zuerst in das unterdrückte Leid zu führen, damit es überwunden werden kann. Da viele Menschen sich selbst nicht richtig in das unausgelebte Leid führen können, brauchen sie einen Heiler, einen Psychotherapeuten oder einen Menschen, der über Erfahrung auf diesem Gebiet verfügt. Es geht hier um das Hindurchführen, nicht um das bloße Hineinführen in das Leid oder die Krankheit. Wenn dieser Prozeß vollbewußt durchgeführt wird und der Patient ihn bejahen kann, dann wird er auch erfahren, was er aus dem Leid oder der Krankheit zu lernen hat, sie dadurch überwinden und der göttlichen Seele die Erfahrungen als Frucht übergeben. Wird dieser Prozeß nicht harmonisch, das heißt bejahend durchgeführt, dann mangelt es an den daraus zu ziehenden rechten Erfahrungen, und die Seele sieht sich veranlaßt, ähnliche Prozesse immer wieder einzuleiten.

Es ist nicht leicht herauszufinden, wann die Erfahrungen in ausreichendem Maße gesammelt wurden. Dem Heiler bleibt nichts weiter übrig als anzunehmen, daß mit dem Verschwinden der Krankheit auch die daraus zu ziehenden Erfahrungen gesammelt wurden. Er schaut sich dann den veränderten physischen und psychischen Zustand des Patienten an und gibt ihm noch erforderliche Hinweise, wie er sich in seinem neuen Zustand festigen kann.

Wir gingen am Anfang des Briefes davon aus, daß viele Menschen sich nicht richtig inkarnieren. Teile des Körpers werden nicht voll in Besitz genommen, wodurch diese zu wenig mit Energie und Bewußtsein versorgt werden. Sie führen dann ein vom Ganzen relativ getrenntes Eigenleben. Da sie jedoch Anschluß an das Ganze suchen, lenken sie das Bewußtsein auf sich. Das äußert sich dann in Disharmonie und Krankheit, weil der Träger des Körpers meistens nicht bereit ist, der Forderung nach Anschluß an das Ganze nachzukommen.

Dem Heiler obliegt nun die Aufgabe, das Bewußtsein des Patienten auf jenen Teil des Körpers zu lenken, der nicht richtig angenommen wird. Er muß versuchen, die Ursache der Nichtannahme herauszufinden, wobei er als Urheber den emotionalen oder mentalen Bereich erkennen wird. Von hier muß er ebenfalls mit seiner Heilbehandlung ansetzen. Er kann und muß noch ein Weiteres tun: Damit sich die Energien, von denen der nichtangenommene Bereich nur mangelhaft versorgt wird, in diesem verankern, muß das entsprechende Energiezentrum, durch rechte Lenkung der Energie, aktiviert und die zum Fließen gekommene Energie über die entsprechenden Energiebahnen in den vorgesehenen Bereich hineingeführt werden. Er verankert sie dann mit einem Willensakt in den entsprechenden Nebenzentren, wodurch auch diese eine stärkere Aktivierung erfahren. Bleibt das Bewußtsein des Patienten ausreichend in diesem Bereich verankert, wird sich der schlechte Gesundheitszustand schnell bessern.

Wir besprechen in den späteren Briefen noch ausführlicher die Struktur des Ätherkörpers.

Als vorbereitende Übung zur entsprechenden Lenkung der Energie im oben erwähnten Sinne, sollte folgende Übung durchgeführt werden:

Man macht sich abwechselnd jeweils ein Zentrum bewußt, läßt verstärkt Energie darin fließen, gibt ihr mit ei-

172

nem Willensimpuls dann den Auftrag, in die entsprechenden Energiebahnen des dazugehörigen physischen Bereiches zu fließen und beobachtet dann den umliegenden Bereich. In den entsprechenden Nebenzentren wird die Energie verstärkte Reaktionen hervorrufen.

Als erste Übung mentalen Heilens sollte folgendes getan
werden:
Jeder besitzt zu Hause Zimmerpflanzen und hat oft Probleme mit ihnen. Man nimmt sich eine der Zimmerpflanzen vor, vielleicht hat man eine, die kränkelt, konzentriert
sich auf das Basis-Zentrum, verbindet es mit dem Solarplexus-Zentrum und strahlt dann die so zum Fließen gekommene Energie über die Hände auf die Pflanze aus. Man
beobachtet über Tage hinweg die Wirkungen an der
Pflanze. Fünf Minuten Übungszeit reichen aus.

Heilmethoden

Das Handauflegen

Die Hände gehören zu den wichtigsten Übermittlern von
Energie. Sowohl in der mystischen wie auch in der mentalen Heilung werden die Hände immer wieder als ausstrah-
lende Zentren benutzt. Während der mystische Heiler die
Hände auf die krankhaften Bereiche des Patienten auflegt,
durch Gebet oder Verbindung mit einem entkörperten Wesen die Energien anzieht und über die Hände weitergibt,
lenkt der mentale oder okkulte Heiler Energien von einem
der zuständigen Zentren über die Energiebahnen der Arme
in die Hände und überträgt dann willentlich die Energie.

Die entsprechenden Energiebahnen müssen in beiden Heilmethoden stark und durchlässig genug sein. Nach einer kurzen Konzentration wird der so praktizierende Heiler ein Ziehen in den Armen wahrnehmen und eventuell auch ein Kribbeln in den Händen. An den Fingerspitzen spürt man oft das Gefühl, als ob ein Baby daran saugt. Durch genügende Konzentration verstärkt sich das Gefühl, und der Energiefluß wird intensiver. Oft erfährt der Heiler dann auch inspirativ oder, wenn er ein mentaler Heiler ist, auch intuitiv, wo er seine Hände aufzulegen hat.

Versuchen wir die Kraftquellen dieser Heilmethode herauszufinden, sie sind sehr unterschiedlich. Man kann einen Heilstrom anziehen, den wir im ätherischen Bereich wahrnehmen können. In diesen kann der Kranke visuell hineingestellt werden, und wenn die Visualisationskraft ausreicht, bleiben die Wirkungen nicht aus.

Entkörperte Wesen bedienen sich der unterschiedlichsten Kraftquellen, je nach Bedarf und Bewußtseinsebene, mit der das Wesen Kontakt aufnehmen kann. Das gleiche gilt auch für den Heiler selbst, wenn er fähig ist, die Energien bewußt zu lenken. Bei allen Heilbemühungen hängt es immer wieder von der Durchlaßkraft und von dem geistigen Bewußtseinszustand des Heilers ab, ob und in welchem Ausmaß die Energien gelenkt werden können.

Prana

Prana ist die eigentliche Energie der ätherischen Ebene. Sie belebt den physischen Körper, gibt ihm Vitalität und bestimmt durch ihr Vorhandensein die Lebensfähigkeit des Körpers. Wenn Prana ungehindert durch die pranischen

174

Energie-Zentren in den Körper einströmen kann, weist er eine gesunde Vitalität auf. Strömt zuviel Prana ein, dann entsteht daraus eine übersteigerte Vitalität, und der betreffende Mensch hat es schwer, fünf Minuten ruhig zu sitzen. Wird vom Ätherkörper zu wenig Prana übermittelt, dann leidet der Betreffende an Energiemangel. Jede Tätigkeit fällt ihm schwer, und er ist allzu leicht erschöpft.

Prana läßt sich in seiner Wesensart in drei Gruppen oder Aspekte aufteilen:

1. Solares Prana
2. Planetarisches Prana
3. die Vermischung beider zu einem dritten.

Das solare Prana kommt über die Sonnenstrahlen in den Ätherbereich des Planeten herein. Bestimmte Deva-Gruppen von goldener Farbe dienen als Brennpunkte für das solare Prana. Sie sind die unmittelbaren Übermittler dieses Pranas. Von ihnen empfängt der Mensch das Prana. Er dient genauso wie sie als Brennpunkt, um es dann in die untermenschlichen Bereiche weiterzuleiten. In bestimmten Gegenden der Welt läßt sich besonders leicht und gefahrlos Prana aufnehmen. Das sind Kalifornien und einige tropische Länder, in denen die Sonnenbestrahlung besonders gut vertragen wird.

Es ist nicht ganz ungefährlich, sich der Sonne unbekleidet längere Zeit auszusetzen. Hitzschlag und Sonnenstich zeigen, daß Prana nicht in rechter Weise assimiliert und weitergeleitet wurde. Um ohne Gefahr mit den Devas in Verbindung zu treten, muß man das Gesetz der Anziehung und Abstoßung handhaben können. Wenn man sich der Sonne hingibt, um Prana aufzunehmen, dann treten wir mit den entsprechenden Devas in Kontakt. Sie konzentrieren das Prana wie einen Brennpunkt und strahlen es dann auf uns. Wir nehmen dieses Prana dann über drei Prana-Zentren (zwischen den Schulterblättern, oberhalb des Zwerchfells und in der Milz) auf, lassen es in und durch den physischen Körper fließen und geben es, besonders über das Solarplexus-Zentrum, weiter. Es wird in Form von physischem Magnetismus ausgestrahlt. Dieses nimmt dann das Tier-, Pflanzen- und Mineralreich auf, um es weiter zu verarbeiten. Die Sonnen-Devas sind für uns das, was wir als solare Prana-Übermittler für die untermenschlichen Bereiche sind.

Um sich vor übermäßiger Sonneneinstrahlung und damit vor zu intensiver Aufnahme des solaren Pranas zu schützen, muß der Mensch lernen, dieses Prana nach seinem Willen anzuziehen und abzustoßen. Wichtig ist jedoch auch eine gute Durchlaßkraft, um das einströmende solare Prana weiterzuleiten. Staut es sich im Körper, so führt es zur Überstimulierung und Überhitzung. Die Überhitzung macht sich sehr leicht bemerkbar, während die Überstimulierung erst durch Auftreten von ernsthaften Schäden bewußt wird. Unruhe, Überreizung und eine nur schwer lösbare Spannung im Körper können die Folge sein. Es ist dann anzuraten, entspannende Übungen durchzuführen und über die Hände und Füße das Prana abzuleiten. Ebenfalls ist Schlaf zur besseren Entspannung des Körpers zu empfehlen. Der Heiler kann sich auch bemühen, über das Sperrnetz der Aura des Patienten Prana abfließen zu lassen. Er muß dann planetarisches Prana als austreibende Kraft verwenden. Dieses wird durch den Ätherkörper des Patienten mit intensiver Willenskraft geleitet und durch das Sperrnetz nach außen gedrängt.

176

Wer zu wenig Sonnenprana aufnimmt, sollte seine Prana-Zentren regelmäßig den Sonnenstrahlen aussetzen, damit sie eine erhöhte Aufnahmefähigkeit entwickeln. Reibung an der physischen Entsprechungsstelle der Zentren aktiviert sie ebenfalls, wie auch leichtes Bürsten.

Zu erwähnen sei noch, daß der Mensch bei der Aufnahme von solarem Prana immer aktiv sein und keine passive Haltung einnehmen sollte. Passives Sich-der-Sonne-Hingeben macht die Sonnen-Devas aktiver, und daraus entstehen die oben erwähnten Gefahren. Der Mensch, oder besser ausgedrückt die Menschheit, stellt diesen Devas gegenüber das aktive, männliche Prinzip dar, während sie das passive, weibliche Prinzip verkörpern. Menschen, die passiv veranlagt sind, leiden deshalb leichter unter der Sonnenbestrahlung als aktiv veranlagte. Auch in den kühlen Wintermonaten können durch zu intensive Sonnenbestrahlung Schäden eintreten.

Planetarisches Prana

Planetarisches Prana finden wir unmittelbar in der Natur, und es wirkt auf den physischen Körper genauso gesundheitsspendend wie auf den Ätherkörper. Je natürlicher sich der Mensch den Lebensumständen in der Natur anpaßt, desto besser für seinen Prana-Haushalt. Es ist die Lebenskraft, die dem Planeten selbst innewohnt und von der der Mensch einen gewissen Anteil auch in seinem Ätherkörper als lebensspendende Kraft hat. Es ist die Kraft, die ihn an die Erde bindet und ihm hilft, auf der physischen Ebene zu verweilen. Ist sie gegenüber den anderen Energien und Kräften im Ätherkörper gut ausgewogen, dann steht der

Mensch fest auf dem physischen Plan, ohne sich zu sehr an ihn zu binden. Es ist eine Energie, die ihn in der Inkarnation hält. Wenn wir von der Erde als dem blauen Planeten sprechen, so prägt das planetarische Prana der Farbe ihren Stempel auf.

Planetarisches Prana entsteht wie folgt:

Solares Prana wird von unserer und anderen Sonnen kommend aufgenommen. Es fließt durch die pranischen Energiezentren und wird zum Teil zu deren Aufrechterhaltung absorbiert. Der Rest strahlt als solares Prana, auf die Schwingungsfrequenz der Erde gebracht, in das frei fließende Energiesystem der Erde ein. Besondere Deva-Gruppen arbeiten mit dem planetarischen Prana, sie sind von violetter Farbe und sorgen für eine harmonische Verteilung dieses wichtigen Stoffes. Mit ihnen stehen die Menschen, ohne es zu wissen, in besonderer Verbindung. Planetarischer Magnetismus kann als Bestandteil des planetarischen Pranas angesehen werden. Jede Form ist Vermittler einer Energie, das heißt, sie zieht Energien und Kräfte an, verändert durch ihre besondere Struktur die Qualität und strahlt sie als wesenhafte Energie aus. Das planetarische Prana fließt durch die gleichen Zentren wie das solare, nur werden andere Bahnen innerhalb des Zentrums benutzt. Das gleiche, was bei einem Planeten mit dem einströmenden solaren Prana geschieht, geschieht mit beiden Prana-Arten im Menschen. Er nimmt auf, absorbiert einen Teil für die Aufrechterhaltung der Form und strahlt den Rest mit seinem Grundton geprägt aus. Er übermittelt es vorwiegend den untermenschlichen Bereichen, jedoch kann es auch von Mensch zu Mensch übertragen werden. Der Ätherkörper der Erde ist demnach auch durchsetzt vom menschlichen Prana, das als dritte Qualität allem Leben zur Verfügung steht.

8. Brief

Lieber Strebender!

Im letzten Brief haben wir die vielen Möglichkeiten mentaler Heilung stichpunktartig aufgezeigt, und Du kannst daraus erkennen, wie umfangreich dieses Gebiet ist. Vielleicht hast Du Dir zu dem einen oder anderen Punkt schon ein paar Gedanken gemacht. Vergiß bei allem Wissen und bei allen Möglichkeiten, die Dir als Heiler geboten werden, die Liebe und Demut nicht. Die Liebe ist die stärkste Heilkraft, die Du zur Anwendung bringen kannst. Bleib Gott gegenüber immer das demütige Kind, daß sich in der Liebe Gottes geborgen weiß. Bete immer wieder um die Demut, damit Du Deine erwählte Aufgabe zum Wohle der Menschen erfüllen kannst. Jeden Tag solltest Du Dich vor Gott verneigen und Ihm für seine Liebe und Gnade danken. Sei auch bei allem, was Du weißt, immer der Lernende. Vergiß nicht, an Deiner charakterlichen Entwicklung genauso beständig zu arbeiten, wie an Deiner Entwicklung zu einem immer besseren Heiler. Fühle Dich auch nie zu weit fortgeschritten, um einen kleinen, vielleicht auch unscheinbaren Dienst den Menschen gegenüber zu erweisen, die in Deiner unmittelbaren Umgebung leben. Laß nie die Ausrede gelten, daß Du keine Zeit für einen hilfreichen Dienst außerhalb Deines Spezialgebietes hast. Wer nicht frei seinen in unmittelbarer Umgebung wohnenden Menschen einen kleinen Dienst erweisen kann, sondern sich von der Aufgabe des Heilers so gefangennehmen läßt, von dem hat die Aufgabe Besitz ergriffen, und er wirkt nicht mehr im göttlichen Willen. Frei muß man sich jeden Tag neu für seine Arbeit entscheiden können und dann seine ganze Kraft für das Werk einsetzen.

Du mußt aber in Deinen Zeitplan eine schöpferische Pause einplanen, damit Du Dich an höhere Bewußtseinsebenen anschließen kannst, um mehr Einblick in den schöpferischen Plan zu gewinnen. Du hast sonst nie die Möglichkeit, mehr Wissen aus den höheren Daseinsebenen ‚herunter-zu-holen' und sie einem größeren Kreis von Suchenden zugänglich zu machen. Der Mensch ist dazu geboren, schöpferisch tätig zu sein; das heißt, er muß lernen, aus einer höheren Quelle zu schöpfen, um die göttlichen Möglichkeiten auf dem physischen Plan zu offenbaren.

Die bisherige Schulung und besonders auch der letzte Brief hat es Dir erlaubt, etwas mehr vom Ätherkörper wahrzunehmen, und wenn es Dir bisher nicht in ausreichendem Maße gelungen ist, dann werden Dir die nächsten Abhandlungen über den Ätherkörper hilfreich sein, den Lauf der Energie besser zu verfolgen. Das ist notwendig, um intensiver auf den Ätherkörper des Patienten einwirken zu können.

Der Ätherkörper

Im Rahmen der okkulten oder mentalen Heilung soll der Ätherkörper eingehender beleuchtet werden. Dieser Bereich menschlicher Wesensäußerung steht im Brennpunkt aller Heilungsbemühungen. Ein tieferes Wissen und Verständnis für diesen Bereich gibt dem Heiler die Möglichkeit, bewußte, intensivere Energielenkung durchzuführen. Im zweiten Heilerbrief wurde der Ätherkörper schon einmal kurz beleuchtet. Es ist gut, wenn Du diesen Abschnitt noch einmal liest. Wir werden zwar manche Äußerungen wiederholen, aber Du kannst Dich damit besser in die Materie einschwingen.

Der Mensch lebt in einem Meer von Energien, wie ein Fisch im Wasser. Die ätherische Energie ist für den physischen Körper das Lebenselixier. Ohne diese könnte die Substanz des physischen Körpers nicht in einer Form gehalten werden. Dieser Lebensplan (ätherische Ebene) ist die Ursache aller physischen Manifestation. Ohne ätherische Grundform ist keine physische Formgebung möglich. Die Baumeister der Welt benutzen den ätherischen Grundstoff (ätherische Energie), um physische Manifestationen ins Dasein zu rufen. Ist eine ätherische Form fertiggestellt und beginnen die Kräfte und Energien darin zu fließen, dann bildet sich nach dem Vorbild eine physische Form um das ätherische Gerüst. Dieser Ausdruck kann verwendet werden, weil der Ätherkörper mit seinen Energiezentren und -bahnen wie ein Grundgerüst aussieht. Die Strahlkraft der Energien und Kräfte rufen ein Magnetfeld hervor, das die physische Substanz anzieht und zu einer Form zusammenhält. Je stärker das Magnetfeld, desto fester und dauerhafter die Form. Das ist jedoch nicht allein der Grund für eine Dauerhaftigkeit der Form.

Der Ätherkörper einer jeden manifestierten und nicht manifestierten Form ist ein integraler Bestandteil des planetarischen Ätherkörpers. Dieser ist wiederum Bestandteil des solaren Ätherkörpers, und so fügt sich das Geringere immer in das Größere ein und ist von diesem abhängig. So ist kein Wesen, keine Form von der anderen getrennt. Die Energien und Kräfte, die durch die eine Form fließen und sie beeindrucken, beeinflussen auch die andere existierende Form. Ein Mensch ist mit seinem Ätherkörper genauso wie das Tier und die Pflanzen Bestandteil des planetarischen Ätherkörpers, und alles bewegt sich in diesem Raum wie Organismen im Wasser. Das Wasser, das durch den Rachen eines Wales fließt, ist das gleiche Wasser, in dem Fische, Pflanzen und andere lebende Organismen sich bewegen und ihre Nahrung beziehen. So erhält der Mensch seine pranische Nahrung aus dem Ätherkörper des Planeten, sowie aus untermenschlichen Lebensbereichen. Der Mensch kann sich unmittelbar pranische Nahrung über die Aufnahmeorgane (Energiezentren und Sperrnetz) seines Ätherkörpers holen, oder mittelbar durch die physische Nahrungsaufnahme. Die Nutzbarmachung der pranischen Energie für den Äther- und physischen Körper geschieht von den Zentren des Ätherkörpers aus. Die richtige Versorgung dieser beiden Träger mit pranischer Energie ist verantwortlich für die Vitalität des Menschen. Die Heilung mit Hilfe von Pflanzen kann nur deshalb geschehen, weil diese mit ihrem Ätherkörper im gleichen Energiefeld leben wie die Menschen und Brennpunkte spezieller ätherischer Energie darstellen. Auch die Beeinflussung des menschlichen Lebens durch die Planeten hat zum Teil die gleiche Ursache, soweit der Mensch fähig ist, darauf zu reagieren.

Der Ätherkörper durchdringt den gesamten physischen Körper, ragt über diesen hinaus, und es besteht ein enger Zusammenhang zwischen dem Netzwerk des Ätherkörpers und dem Nervensystem des physischen Körpers.

Mentale oder esoterische Heilung

Wir beginnen jetzt mit der Ausarbeitung der einzelnen esoterischen Heilmethoden:

Im vorherigen Kapitel haben wir mit der Abhandlung über den Ätherkörper begonnen; die weiteren werden die Grundlage für diese Heilmethode bilden. Es ist die Methode, mit der der esoterische Heiler seine Arbeit beginnt und die lange Zeit sein Betätigungs- und Einflußfeld bleiben wird. Grundvoraussetzung für diese Heilmethode ist die einwandfreie Konzentrationsfähigkeit auf die großen Energiezentren im Ätherkörper. Über diese sollte der Heiler zuerst arbeiten. Erst wenn die Energielenkung über diese Zentren funktioniert, kann er die Nebenzentren und Energiebahnen einbeziehen. Die Sammelstelle für die Heilenergien wird vorläufig das Energie-Dreieck im Kopf sein. Der Heiler wird sich aber fragen müssen, woher die Energien kommen, die er im Kopf sammelt. Im dritten Brief haben wir uns schon einmal mit den Energiequellen befaßt. Es wird nun notwendig sein, auf die ätherischen Energiequellen näher einzugehen.

Vergegenwärtigen wir uns erst einmal die vier bereits erwähnten Energiequellen:

1. Jene Quelle, aus der die Energien (es sind pranische Energien) für den Aufbau des Ätherkörpers fließen. Diese Quelle teilt sich siebenfach auf, den Energie-Zentren entsprechend.

2. Die große Quelle all jener Energien, die aus dem interplanetarischen Bereich auf die Erde einströmen. Für jeden Planeten findet sich ein spezieller Energiebrenn-

punkt. Ferner gibt es auch für Sonne und Mond einen entsprechenden Brennpunkt.

3. Energien, die zur Schaffung des materiellen Bereiches benötigt werden.

4. Energien der Farben, Töne und Düfte haben ebenfalls ihre Energiequellen, die jedoch mit den anderen sehr eng verbunden sind.

Wir können sagen, daß alle Energiequellen oder Zentren miteinander verbunden sind, wodurch Energiekombinationen leicht hergestellt und dauerhaft aufrechterhalten werden können. Alle Energiequellen können physisch lokalisiert werden, was aber nicht unbedingt notwendig ist, da die Konzentration auf sie einen Energiefluß anregt. Jede ätherische Energiequelle hat im Ätherkörper des Menschen einen Brennpunkt. Konzentriert man sich auf diesen und schließt sich gedanklich an die höhere Quelle an, dann kommt die entsprechende Energie zum Fließen. Der Heiler sammelt dann diese Energie im Energie-Dreieck.

Wenn der Heiler mit Hilfe seines Ätherkörpers heilen will und sich darüber klar geworden ist, daß ätherische Energien ausreichen, um die Krankheit zu beseitigen, dann muß er zuerst ermitteln, von welchem ätherischen Zentrum der physische oder ätherische Bereich aus beherrscht wird, wo die Krankheit ihren Sitz hat. Wir gehen darauf in der Abhandlung über den Ätherkörper noch näher ein. Nun muß der Heiler herausfinden, ob die Ursache einer physischen Krankheit ihren Hauptsitz im Ätherkörper selbst hat, ob an den Durchlaßstellen vom Ätherkörper zum physischen Körper oder im physischen Körper selbst. Die Krankheit kann im eigenen Bereich liegen oder von außen herangetragen werden. Es können demnach vier

184

Aspekte Ursache einer Krankheit sein, die vom Ätherkörper aus heilbar ist. Bedacht werden muß, daß die Ursachen auch aus der Astral- oder Mentalregion kommen können, der eigentliche Krankheitsherd aber in den vier genannten Aspekten zu suchen ist. Der Heiler wird, so er nicht ätherisch sehen kann, ausprobieren müssen, ob ätherische Energien zur Heilung ausreichen. Ein eingehendes Gespräch mit dem Patienten kann dem Heiler mehr Aufschluß geben. Auch wenn er sich das Kosmogramm des Patienten anschaut, kann er mehr Anhaltspunkte finden.

Steht fest, daß ätherische Energie zur Heilung benötigt wird, dann muß man sich auf das Energiezentrum konzentrieren, das der Krankheit am nächsten liegt. Der Heiler zieht die entsprechenden Energien aus seinem Energiereservoir im Kopf (Energie-Dreieck) in sein Energiezentrum, das zur Heilung benötigt wird. Es kann auch die Konzentration auf mehrere Zentren gleichzeitig erforderlich sein. Er muß dann die einfließende Energie deutlich in seinem Zentrum spüren. Sitzt der Patient ihm gegenüber oder liegt er, so wird er die Hände zur Übermittlung der Energie benutzen. Der Heiler lenkt dann die Heilenergie vom Zentrum der Heilung durch die Wirbelsäule zum Hals- oder Kehl-Zentrum und über dieses in die Arme und Hände und strahlt die Energie in das entsprechende Zentrum des Patienten oder unmittelbar in den Bereich der Krankheit. Sitzt ihm der Patient nicht gegenüber, dann läßt er die Heilenergie von seinem Zentrum in das Zentrum des Patienten fließen. Die Energie wird dann ihren Weg zum Krankheitsherd finden. Er kann jedoch spezieller herangehen und die Energie an den Krankheitsherd direkt führen, was mit Hilfe der Visualisationskraft geschieht. Wenn zwei oder mehr Zentren zur Übertragung der Energie benötigt werden, dann müssen die in Frage kommenden Zentren untereinander verbunden werden.

Der Heiler kann die zur Heilung benötigte Energie vom ätherischen Energie-Zentrum des Planeten direkt in sein entsprechendes Zentrum leiten und, wie oben erwähnt, die Energie weiterlenken. Er muß versuchen, in jedem Fall Durchlaßkanal zu sein und nicht aus seinen eigenen Energiereserven zu schöpfen. Wenn er sich auf das Energie-Dreieck im Kopf oder direkt auf das ätherisch-planetarische Energiezentrum bei der Übertragung konzentriert, wird er der Gefahr aus dem Wege gehen, selbst einen Energieverlust durch die Heilung zu erleiden.

Hat sich der Heiler darin geschult, über die sieben Hauptzentren zu wirken, dann kann er auch die Nebenzentren mit einbeziehen. Er muß dann die Energie über das Hauptzentrum des Patienten in das der Krankheit am nächsten gelegene Nebenzentrum leiten. Beim Heiler selbst wird nur das Hauptzentrum angesprochen. Wir behandeln zur Zeit nur Krankheiten und deren Heilung, die zu lokalisieren sind. Bei Allgemeinerkrankungen müssen noch andere Faktoren berücksichtigt werden.

Der Heiler muß bei dieser Heilmethode fähig sein, folgende Brennpunkte im Bewußtsein zu halten:

1. Die Quelle der Energie, die er zum Heilen benötigt,
2. sein eigenes energieübermittelndes Zentrum,
3. wenn er über die Hände heilt, auch diese,
4. das zur Übermittlung in Frage kommende Energie-Zentrum des Patienten,
5. wenn er über ein Nebenzentrum heilt, auch dieses.

Damit ist der Weg aufgezeichnet, den die heilende Energie zu nehmen hat. Diesen Weg muß der Heiler im Bewußtsein behalten können und zwar während der Dauer der Energieübermittlung.

Wir haben bisher vorwiegend die Art der Energielenkung aufgezeigt, soweit es sich um eine physische Krankheit handelt, und haben die Energien an den physischen Ort der Krankheit gelenkt. Das ist eine recht allgemeine Heilmethode und setzt im Ätherkörper noch nicht speziell an dem dort befindlichen Krankheitsherd an. Da wir aber die Krankheit mit der Wurzel entfernen wollen, müssen wir herausfinden, ob es sich bei der Krankheit um eine Überreizung, einen Energiemangel oder eine Stauung handelt. Nur bei einem Energiemangel wird diese Heilmethode angewandt. Bei einer Energiestauung muß über die gleichen Zentren und Bahnen austreibende Energie (Willensenergie), die man aus dem Mentalbereich hereinholt, verwandt werden. Bei einer Überreizung werden die Energien auf andere Bahnen und über andere Zentren abgelenkt. Überreizungen können von innen und von außen kommen. Die inneren Überreizungsursachen müssen herausgefunden und abgestellt werden. Folgende innere Ursachen können auftreten:

1. Ein übermäßig stark entwickelter und betätigter Mentalkörper.
2. Die gleiche Ursache kann auch im Astralkörper zu finden sein.
3. Einige Energiebahnen im Ätherkörper funktionieren nicht einwandfrei. Die Energie wird dadurch auf andere Bahnen umgelenkt.
4. Ein überstarkes Ausleben einer speziellen Energieart (was auch durch Heilung auftreten kann).

5. Blockaden an den Durchlaßstellen vom ätherischen zum physischen oder vom Astral- zum Ätherkörper.

Nie treten Wirkungen isoliert auf, sondern sie sind oft Glieder einer Kettenreaktion. Der Heiler muß versuchen, die wahre Ursache solcher Ketten herauszufinden.

Zum Beispiel:

Eine oder mehrere Energiebahnen, die dem Basis-Zentrum unterliegen, funktionieren nicht einwandfrei. Die Energie, die dort eigentlich fließen sollte, wird auf andere Bahnen, zum Beispiel jene, die dem Sakral-Zentrum oder dem Scheitel-Zentrum unterliegen, abgelenkt. Es kann jetzt in den entsprechenden Bahnen zu einem zu starken Energiefluß kommen, wodurch eine Überreizung auftritt. Sie macht sich im physischen Körper in den entsprechenden Bereichen bemerkbar. Im Bauchraum kann eine Entzündung auftreten, die Nervenbahnen können überreizt werden, oder es kann Kopfdruck oder Kopfschmerz eintreten.

Folgendes muß geschehen:

1. Die gestörten Energiebahnen im Basis-Zentrum müssen wieder funktionsfähig gemacht werden. Das ist eine langwierige Arbeit; der Heiler muß sich dafür Zeit nehmen.
2. Um unmittelbare Erleichterung zu schaffen, müssen die überreizten Stellen entlastet werden. Der Heiler lenkt die Energie ab.

Findet sich die Überreizung im Bereich des Sakral-Zentrums, dann lenken wir sie über das Hals-Zentrum ab. Hat die Überreizung ihren Sitz im Bereich des Scheitel-Zentrums, so muß über das Herz-Zentrum oder über die Füße abgeleitet werden.

Auch bei Blockaden und Stauungen leitet man die Energien ab, bevor die austreibende Energie zur Anwendung kommt.

Stürmen Energien aus den äußeren Ebenen auf den Menschen ein, so muß folgendes herausgefunden werden:

1. Handelt es sich um karmische Verpflichtungen aus einem Vorleben, dann muß der Heiler zusammen mit dem Patienten herausfinden, welche Ursachen gelegt wurden und welche notwendigen Erfahrungen gesammelt werden sollen.

2. Sind es Energien, die einen Entwicklungsschritt einleiten sollen? Der Patient wird dann innere Unruhe zeigen, unzufrieden sein, oder sein sonstiges Leben und deren Umstände zeigen dem Heiler, daß etwas Neues begonnen werden soll. Diese Energien treffen jedoch selten unmittelbar auf den Ätherkörper.

3. Hat der Patient aus irgendeinem Grund diese Energie angezogen? Dann muß der Energiestrom abgelenkt werden.

4. Unterliegt der Patient negativen Kräften?

Hier gilt es besonders auf magisches Einwirken zu achten. Der Heiler muß dann den Patienten abschirmen und ihm zeigen, wie er sich dagegen zu wehren hat.

Wie kann der Heiler den Patienten zur Mithilfe auffordern?

Eingehend müssen die Ursachen der Krankheit mit dem Patienten durchgesprochen werden; an der Abhilfe der Ursachen muß der Patient in jedem Fall intensiv mitarbeiten.

Heiler und Patient sollten sich überlegen, wie jede Heilstunde vorbereitet werden kann. Eine einfache Verabredung für einen bestimmten Tag und Stunde reicht nicht aus. Der Patient muß sich überlegen, was er vom Heiler erwartet, sich während der Zeit zwischen zwei Behandlungen beobachten und dem Heiler über die Wirkungen seiner Behandlung berichten. Bei der unmittelbaren Energieübertragung sollte der Patient auch seine Visualisationskraft einsetzen, damit die Energie leichter an den Ort der Krankheit gebracht werden kann. Er sollte sich bei der Übertragung beobachten und dem Heiler seine Empfindungen berichten. So können Heiler und Patient Hand in Hand arbeiten und gemeinsam die Krankheit austreiben.

9. Brief

Lieber Strebender!

Die Energielenkung hat es Dir ermöglicht, mehr von Deinem eigenen Energiefeld wahrzunehmen. Da im Laufe der Entwicklung die Energien der niederen Zentren in die entsprechend höheren gehoben werden sollen, wollen wir diesen Vorgang bewußt durchzuführen lernen.

1. Die Energien des Solarplexus-Zentrums müssen durch einen Willensakt in das Herz-Zentrum gehoben werden. Das Herz-Zentrum muß deutlich darauf reagieren. Danach werden sie wieder in das Solarplexus-Zentrum herabgeführt. Die so gelenkten Energien erfahren eine qualitative Veränderung.
2. Die Energien des Sakral-Zentrums werden in das Hals-Zentrum gehoben, und man verfährt mit ihnen in gleicher Weise wie mit den Solarplexus-Energien.
3. Die Energien des Basis-Zentrums hebt man ins Scheitel-Zentrum und verfährt mit ihnen in gleicher Weise.

Diese Übung ersetzt die bisher durchgeführte Energielenkung. Der angehende Heiler kann jetzt die bisher und in diesem Brief behandelten mentalen Heilmethoden bei sich selbst ausprobieren. Er ist dann Patient und Heiler zugleich. Die bestehenden Leiden oder die sich zeigenden Verstimmungen werden mit den erwähnten Methoden angegangen. Wenn der angehende Heiler glaubt, daß er frei von Leiden sei und die Energien harmonisch fließen, so muß er sich fragen, ob er sein energetisches Befinden damit wirklich richtig einschätzt. Es gibt kaum einen Menschen, der von sich behaupten kann, ganz frei von Mängeln zu sein. Oft fehlt die rechte Gabe der Beobachtung. Der Heiler muß auch daran denken, daß durch den vermehrten Einstrom von Energien zwangsläufig bei ihm vorübergehende Störungen auftreten.

Mentale oder esoterische Heilung

Heilung über den Astralkörper

Physische Krankheiten können auch von der Astralebene aus geheilt werden. Dafür müssen wir uns jedoch vorher klargeworden sein, daß die physische Krankheit ihre Ursache im Astralen hat. Besonders die physischen Regionen, die unter der Herrschaft des emotionalen und Begierdenlebens stehen, zeigen deutlich an, daß es sich dort um Krankheiten aus dem Astralbereich handelt. Bevor der Heiler mit astraler Energie an die Heilung herangehen kann, muß er dafür sorgen, daß die Energiebahnen vom physischen Krankheitsherd bis hinein in den Astralbereich frei und durchlässig sind. Nun geht es darum herauszufinden, welche der drei Hauptkrankheitsursachen, vom Energetischen aus betrachtet, der Krankheit zugrundeliegt (Stauung, Überreizung, Leere). Astrale Krankheiten, die sich im physischen Bereich zeigen, haben oft ihre Ursache in Überreizungszuständen bestimmter astraler Regionen. Aber auch Auszehrungen körperlicher Bereiche, die vorwiegend unter astralem Einfluß stehen, sind nicht selten.

Der Heiler hat nun herauszufinden, welche astrale Ursache der Krankheit zugrundeliegt. In einem Gespräch mit dem Patienten kann er relativ leicht dessen astrale Mängel erkennen. Nur der Heiler, der relativ frei von dem erkannten astralen Mangel ist, kann sich erfolgreich um die Heilung bemühen. Handelt es sich um eine astrale Schwäche mit Neigung zur Überstimulierung, dann sendet der Heiler von seinem Astralkörper beruhigende Energien in den Astralkörper des Patienten; von dort aus über den Lebens- oder Manifestationsfaden in das entsprechende ätherische Zentrum, in dem der Faden verankert ist, und weiter in das Zentrum, das der Krankheit am nächsten liegt.

Er kann, um den Vorgang zu intensivieren, über das Zentrum im Handteller zusätzlich beruhigende Energien in die krankhafte Stelle lenken. Dazu verfährt man in folgender Reihenfolge:

Zuerst werden die beruhigenden Energien über den Astral- und Ätherbereich in das zuständige Zentrum geleitet. Erst danach überträgt man über die Hände harmonisierende Energien. Erst wenn eine Beruhigung eingetreten ist, beginnt der Heiler mit der eigentlichen Behandlung!

Bei einer astralen Schwäche muß immer erst die Gegenenergie aktiviert werden. Neigt ein Patient z. B. zu astraler Unruhe, regt er sich leicht auf, ist nervös und gereizt, dann muß die Energie der göttlichen Gelassenheit angestimmt werden. Im Astralkörper fließen die gegenpoligen Energien immer auf den gleichen Energiebahnen, nur der Rhythmus des Energieflusses ist ein anderer. Stärke ich im Patienten die göttliche Gelassenheit, fließt die Energie ruhig und beständig auf der entsprechenden Energiebahn, dann verdrängt sie mehr und mehr die andersartige Energie.

Der Heiler muß mit Willenskraft die gegenpolige Energie (in unserem Beispiel die göttliche Gelassenheit) auf der entsprechenden Energiebahn (Lebens- oder Manifestationsfaden – das hängt von dem entsprechenden Zentrum ab, das der Krankheit am nächsten liegt) in das Zentrum lenken, das Heilung bringen kann. Herz- und Solarplexus-Zentrum empfangen ihre astrale Energie bei dieser Heilmethode über den Lebensfaden. Sakral- und Hals-Zentrum sind Brennpunkte für die Energie, die über den Manifestationsfaden herunterfließt.

Alle Begierdekrankheiten, die sich besonders im Sakral- und Hals-Zentrum zeigen, haben etwas mit dem Wunsch nach Manifestation zu tun. Alle astralen Schwächen, die aus höheren Astralregionen stammen, beeinflussen besonders das Herz- und Solarplexus-Zentrum. Es ist, solange der Heiler nicht hellsichtig ist, nicht erforderlich, die Energien aus dem Astralen über andere geringere Energiebahnen in den physischen Bereich bewußt einfließen zu lassen. Später ist die Hellsichtigkeit eine Grundvoraussetzung eines wahren geistigen Heilers. Ganz klar und rein muß der Heiler die Emotion in sich anstimmen und übertragen, die dem Patienten Heilung bringen kann.

Im vorherigen Abschnitt haben wir erwähnt, daß der Heiler eine Emotion in seinem Astralkörper anstimmt und sie dann auf den Astralkörper des Patienten überträgt. Er berührt dabei in seiner Vorstellungskraft den Astralkörper des Patienten und läßt dann die Energie überfließen. Im Gespräch kann er dabei den Patienten veranlassen, das gleiche Gefühl in sich zu erzeugen, dadurch reagiert der Patient leichter auf die Emotion des Heilers. Oft kann man den Vorgang dadurch verstärken, daß man den Patienten Bilder sehen läßt, die der erforderlichen Emotion entsprechen. Die Visualisationskraft ist auch hier eine große Hilfe. Vielfach muß der Astralkörper jedoch erst reaktionsfähig gemacht werden. Der Heiler sieht sich dann einem Menchen gegenüber, der sich nur schwer astral berühren läßt. Diese Tatsache geht oft mit einer Auszehrung einher. Um nun in den Astralkörper Bewegung hineinzubringen, kann der Heiler von der physischen Ebene aus ansetzen. Es können die ätherischen Hauptzentren durch Ausübung von physischem Druck mit Hilfe der Hände aktiviert werden. Durch Klopfen, stärkeren Druck, Reiben und Vibrieren werden Energien aus den inneren Bereichen angezogen, die dann das Zentrum aktivieren. Je länger man so an einem Zentrum arbeitet, desto sicherer und intensiver ist der Erfolg. Man kann auch an Nebenzentren herangehen, die in der Abhandlung über den Ätherkörper dargestellt wurden. Man sucht sich die Stellen heraus, die besonders empfindlich reagieren, um den Erfolg zu sichern. Dabei muß man den Patienten immer wieder auffordern, seine Empfindungen auszusprechen, um eine Bewußtwerdung zu fördern. Wenn die Energien in Bewegung kommen, dann ergibt sich oft ein tiefes, fruchtbares Gespräch daraus.

Um den Patienten auf die Dauer hin emotional zu verändern, ist es erforderlich, ihm entsprechende Übungen zu geben. Zuerst muß er die wahre Ursache seiner emotionalen Leiden erkennen. Eine tägliche Konzentrationsübung und ein immer wiederkehrendes Anstimmen der entsprechenden Emotion wird dann die erforderliche Umpolung bringen.

Heilung über den Mentalkörper.

Auch der Mentalkörper kann mit zur Heilung herangezogen werden. Neben den eigentlichen Mentalkrankheiten haben auch viele physische Krankheiten ihre Ursache im Mentalbereich. Oft ist dabei der Bewußtseinsfaden in Mitleidenschaft gezogen. Es können bei Krankheiten, die ihre Ursache im Mentalbereich haben, folgende Faktoren eine Rolle spielen:

1. Mangelnde mentale Betätigung und damit Auszehrung der physischen Bereiche, die vorwiegend von mentalen Impulsen beherrscht werden, z. B. Kopf-, Hals- und Basis-Zentrum.
2. Störungen beim Herunterfließen mentaler Impulse, Schäden im Bewußtseinsfaden.
3. Überfluten ätherisch-physischer Bereiche durch mentale Impulse.
4. Blockaden im Mentalbereich.

Hat es der Heiler mit einer mangelnden Betätigung im Mentalen zu tun, dann kann er den Patienten dazu auffordern, sich selbst mehr zu beobachten und seine Wahrnehmungen zum Ausdruck zu bringen. Er kann aber auch über den physischen Körper mentale Impulse anfordern. Dafür muß ein mittelstarker Druck auf die Wurzel des Basis-Zentrums und die beiden Punkte unmittelbar neben der Wurzel ausgeübt werden. Weitere Brennpunkte finden wir in den Innenseiten der beiden Knie, über die man in unbewußte Bereiche vordringen kann. Hier spielt das Gespräch eine wichtige Rolle. Wichtig ist, daß der Patient dazu veranlaßt wird, sich mental zu betätigen. Der Heiler hat darauf zu achten, so viel anzuregen, daß die Energien in Fluß kommen. Auf der anderen Seite dürfen keine Blockaden zustandekommen. Das kann geschehen, wenn die herunterfließenden Energien nicht zum Ausdruck gebracht werden. Überreizungen können sich genauso schädlich auswirken, da sie z. B. das Basis-Zentrum zu stark stimulieren können.

Wenn wir unsere Heilung von Mentalebene zu Mentalebene durchführen wollen, dann muß der Mentalbereich des Heilers zuerst in einen Zustand der Ruhe gebracht werden. Dann stimmt man den mentalen Impuls an, der die Heilung bringen kann. Der Mentalkörper des Patienten muß dann mit Hilfe der Visualisationskraft berührt werden, oder man sendet die Gedanken kraftvoll zum Patienten. Durch das Gespräch vergewissert man sich, ob der Mentalbereich des Patienten darauf reagiert. Ist das nicht in ausreichendem Maße der Fall, dann muß der Patient ebenso die gleichen Gedanken in sich anstimmen. Die Impulse des Heilers wirken sich verstärkend aus. Man denkt dann mit ihm über den Sinn und die Auswirkung des Impulses nach. Man kann dem Patienten auch einen Kerngedanken oder eine Bejahung geben, die ihm die erforderliche Erleuchtung und Umstrukturierung des Mentalen ermöglicht. Bejahungen können grundlegende Veränderungen beim Patienten hervorrufen. Bejahungen dürfen jedoch nie eine Verneinung enthalten. Zum Beispiel muß es heißen: „Ich komme in einen immer besseren Gesundheitszustand." Falsch wäre zu sagen: „Ich werde nicht mehr krank."

Im ersten Kernsatz bejahe ich die Gesundheit, während im zweiten Satz die Krankheit verneint wird. Ich wehre mich dabei gegen die Krankheit, während ich im ersten Satz die Gesundheit zulasse. Die Konzentration auf die Gesundheit wirkt sich befreiender aus als das Abwehren der Krankheit. Gesundheit ist der Mittelpunkt der ersten Bejahung, Krankheit der Mittelpunkt der zweiten ‚Bejahung'. Jedem Gedanken folgt die entsprechende Energie. Der Heiler tut gut daran, mit diesem Gesetz zu arbeiten. Der Patient kann aktiv an seiner Heilung mitarbeiten.

Viele Krankheiten auf der physischen Ebene sind nur dann dauerhaft zu lösen, wenn der Heiler von der Mentalebene aus an die Heilung herangeht. Mit Willenskraft und Aufklärung kann er von dieser Ebene aus die Energien in Bewegung bringen, die dann die Heilung im physischen Bereich auslösen. Der Heiler konzentriert sich auf die Mentalebene, stimmt innerlich und vielleicht auch äußerlich ein reinigendes Mantra an, z. B. OM, läßt die Energie über den Bewußtseinsfaden des Patienten hinunterfließen, um sie dann an den Ort zu bringen, wo Heilung benötigt wird. Bei dieser Methode muß die Willenskraft des Heilers sehr stark sein.

10. Brief

Lieber Strebender!

Durch die intensivere Arbeit an sich selbst wird der Heiler immer sensibler und muß lernen, die Energien frei fließen zu lassen. Wer mit Energien umgeht, wird, bevor ein ununterbrochener freier Energiefluß gewährleistet ist, auch selbst mit den Energien Schwierigkeiten haben. Mal wird ihn eine Überreizung plagen und mal wird er mit einer Stauung zu tun haben.

Der Heiler darf dann nicht unruhig werden, sondern muß den Zustand als eine Gelegenheit erkennen, die Handhabung der Energie zu erlernen. Es ist oft nicht leicht, die Energie über die ausgewählten Bahnen an den Ort zu bringen, wo sie zur Heilung erforderlich ist. Oft wird sie auf halbem Weg zurückbleiben oder über andere Bahnen entweichen. Eine gute Beobachtungsgabe und Gesprächskontakt zum Patienten ist unbedingt erforderlich. Es dauert lange, bis der Heiler fähig ist, jede Energie in jede gewünschte Richtung zu lenken und sie am Ort der Notwendigkeit so zu verankern, daß ihre Wirkung einsetzen kann. Mit äußerster Konzentration und Ausdauer muß der Heiler ans Werk gehen. Außerdem sollte er den Patienten auffordern, auch nach der Behandlung sich zu beobachten und jede Veränderung in der einen oder anderen Richtung zu notieren. Immer wieder muß die Zusammenarbeit mit dem Patienten im Mittelpunkt der Heilung stehen.

Wenn der Heiler spürt, daß durch übermäßige Konzentration das eine oder andere Zentrum überaktiv ist, dann muß er für eine gewisse Zeit auf das entsprechende andere Zentrum ausweichen. Er kann aber auch das unmittelbar darüber oder darunter liegende Zentrum verwenden. Immer wenn der Heiler an die Energieübertragung bzw. an die Heilung herangeht, muß er zuvor sein eigenes Energiefeld auf harmonischen Fluß überprüfen und in Ordnung bringen. Ein stetes Überprüfen, ob die Energie auch am gewünschten Ort ankommt, ist unbedingt erforderlich.

Mentale oder esoterische Heilung

Karmische Führung

Jeder Heilung liegt, wie wir wissen, eine tiefere Ursache zugrunde. Wir kennen alle das Karma-Gesetz und wissen, daß wir uns unter diesem zu entwickeln und zu entfalten haben. Der Heiler hat dieses Gesetz bei all seinen Bemühungen zu beachten. Das intensive Studium dieses Gesetzes zeigt dem Heiler den Weg zur Ursache der Krankheit und damit zu dem Bereich, von dem aus Heilung erfolgen muß. Wenn jeder Ursache die entsprechende Wirkung folgt, dann muß die Ursache abgestellt werden, und die Krankheit vergeht. Das ist jedoch leichter gesagt als getan. Einen Fehler oder eine falsche Neigung zu überwinden kostet intensive Arbeit an sich selbst, Disziplin und wahres inneres Wollen. Meistens muß der Heiler diese drei Faktoren zur Veränderung im Patienten erst entwickeln. So kann nun der Heiler vorerst nur herangehen, dem Patienten Linderung zu verschaffen, um dann mit ihm die schwierigere Arbeit der Ursachentilgung anzugehen. Es stellen sich die

200

Fragen: Was hat die Krankheit ausgelöst, und wann wurde die tiefere Ursache gelegt?

Drei bzw. vier Zeiträume lassen sich aufdecken:

1. Im Vorleben wurde die Ursache gelegt;
2. in der Jugend ist sie zu finden, und
3. die Gegenwart ist als Zeitpunkt der Ursache zu betrachten.
4. Der vierte Punkt ist noch allzu wenig im Bewußtsein des Menschen. So wie der Mensch eine Vergangenheit hat, so hat er auch eine Zukunft, die in das jetzige Leben hineinspielt, und dort kann ebenfalls die Ursache einer Krankheit zu finden sein.

Wir wollen nun die Zeiträume einmal näher beleuchten und sehen, wie wir sie aus dem Krankheitsbild und aus den Energien heraus erkennen können. Zuvor sei erwähnt, daß die Zeiträume nicht isoliert dastehen, sondern eine gegenwärtige Ursache sowohl in die Vergangenheit als auch in die Zukunft hineinreichen kann. Wir wollen nun versuchen herauszufinden, welcher Zeitraum einen größeren Anteil an der gegenwärtigen Krankheit hat:

Zu 1.

Krankheiten, deren Hauptursachen im Vorleben liegen, sind meist langwierig und schwer heilbar. Der Ursachenbereich findet sich oft im Mentalen, das heißt, falsches, einseitiges Denken verbunden mit entsprechenden Emotionen führen zu langwierigen Krankheiten. Alle negativen Erbanlagen haben ihre Ursache im Vorleben. Ein Mensch, der zum Beispiel unter der Bluterkrankheit leidet, hat die Ursache dafür im Vorleben gelegt, auch Krebskrankheiten sind typische Krankheiten aus einem der Vorleben, wobei der Ort des Geschehens Aufschluß über die innere Ursache gibt. Der Krebskranke hat oft einen starken, gestauten Emotionalkörper, während der Bluter mehr zur Übererregbarkeit neigt und ein unkontrolliertes Astralleben zeigt. Man darf diese Angaben jedoch nicht verallgemeinern, sondern darin nur Tendenzen erkennen, die jedoch nicht zwingend für die aufgezeigten Krankheiten sind. Das Karma-Gesetz ist so vielschichtig, daß sich Ursache und Wirkung nicht in einer Tabelle aufzeichnen lassen. Ein Befragen des Patienten wird dem Heiler da weiterhelfen.

Alle Krankheiten, bei denen die Findung der Ursache in den inneren Bereichen schwierig ist, weisen uns entweder ins Vorleben oder in die Zukunft. Wenn bestimmte Blockaden vorhanden sind, deren Behebung trotz intensiven Bemühens nicht zu bewirken ist, muß man das Vorleben in Betracht ziehen. Es können uns auch gegenwärtige Charaktermängel in die Vergangenheit führen, wo dann die Ursache des Mangels zu finden ist und auch der Weg, wie der Mangel überwunden werden kann.

Viele Erfahrungsprozesse, die wir durchleben, finden aus verschiedenen Gründen keinen rechten Abschluß. Die Gründe können darin bestehen, daß ein vorzeitiger Tod eintritt, man dem Erfahrungsprozeß ausweicht oder ihn aus freier Entscheidung vorzeitig unterbricht. Das Problem jedoch, das es zu lösen gilt, oder die Erfahrung, die die Seele zu gewinnen beabsichtigt, wird dem Menschen immer wieder präsentiert, bis das Ziel, die Lösung erreicht ist. Man sollte jedoch erst dann im Vorleben forschen, wenn eine Lösung des Mißstandes sonst nicht möglich ist. Es nützt uns wenig, viel über unser Vorleben zu wissen, wenn wir nicht fähig sind, die rechten Schlüsse daraus zu ziehen. Wir würden nur die Neugier befriedigen, ohne wahren Nutzen daraus zu ziehen.

Zu 2.

Ähnlich wie oben erwähnt, verhält es sich mit dem Suchen der Ursache in der Jugend. Man läuft Gefahr, für alle Probleme eine Erklärung zu haben, ohne die ganze Angelegenheit in die rechte Eigenverantwortung zu nehmen. Wir wissen vielleicht, daß das Elternhaus nicht gut war und durch das Erleben bestimmter negativer Umstände eine nachhaltige Wirkung eingetreten ist, ohne zu erkennen, daß man aus karmischen Gründen genau das Schicksal in der Jugend erfahren mußte. Der eine kann das Erlebte verarbeiten, der andere nicht. Diese Fähigkeit des Verarbeitens und Auswertens ist eine Eigenschaft, die man mitgebracht oder sich zu erwerben hat. Oft bringen zum Beispiel klärende Gespräche mit den Eltern auch keine rechte Lösung. Was aber bleibt dem übrig, der die Probleme mit seinen Eltern nicht mehr klären kann, weil sie längst das physische Kleid abgelegt haben?

Die Gefahr, die Verantwortung auf andere zu übertragen und damit eine Entschuldigung für die gegenwärtigen Schwierigkeiten zu haben, ist zu groß. Der Heiler kann zwar dort, wo sich die Gegebenheiten zeigen, die Erlebnisse in der Jugend mit in Betracht ziehen, er sollte jedoch bedacht sein, die Augen des Patienten nach vorne zu richten, damit der nächste Schritt in rechter Weise vollzogen werden kann. Die Erlebnisse aus der Kindheit zeigen dem Heiler das Karma, das der Mensch mitgebracht hat.

Ein Beispiel:

Hat ein Patient ein schlechtes Verhältnis zur Mutter gehabt, hat er wenig Liebe erhalten, dann wird der erwachsene Mann unter Umständen auch ein gestörtes Verhältnis zu seinem Partner entwickeln, vielleicht auch zu den eigenen Kindern. Die Grundursache für das Erleben in der Jugend kann darin zu finden sein, daß er seinen eigenen weiblichen Aspekt in rechter Weise zu entwickeln hat, und daß er mit diesem nicht in Harmonie schwingt. In seiner eigenen Konstitution kann es sich zeigen, daß er zum Beispiel oft unter Beschwerden in der linken Körperseite leidet. Es kann der Fuß sein, der einmal gebrochen war, es kann der Arm sein, wo sich Schmerzen zeigen, es kann die linke Körperhälfte sein oder die Milz. Auffällig ist, daß rechts weit weniger Beschwerden auftreten als links.

Die gleiche Ursache kann aber auch Wirkungen im emotionalen Bereich hervorrufen. Zum Beispiel kann es sein, daß der Patient Schwierigkeiten hat, seinen Gefühlen Ausdruck zu verleihen. Wenn bei diesem Mann aber immer wieder Schwierigkeiten in der Beziehung zu Frauen auftreten, sei es nun am Arbeitsplatz oder in der Partnerschaft, dann kann auch das die Wirkung eines gestörten Verhältnisses zur Mutter sein. Man sollte diesem Patienten, gleich wie die Wirkungen aussehen, raten, sich mit seiner ganzen Weiblichkeit zu befassen. Jeder Mensch trägt beide Pole in sich. Der Mann drückt das männliche Prinzip mehr aus als das weibliche, welches die innere Kraftquelle darstellen soll, damit das männliche nicht hart und rücksichtslos durchgesetzt wird.

Die Frau dagegen drückt mehr das weibliche Prinzip aus, das jedoch von ihrem männlichen Prinzip getragen sein muß, damit es nicht verweichlicht zum Vorschein kommt, sondern in einer festen, tragenden Form gelebt werden kann.

Die aufgezeigten Wirkungen sind nicht zwingend, son-

204

dern sollen nur andeuten, wie Ursache und Wirkung zusammenhängen können.

Zu 3.

Zuerst sei gesagt, daß jede Wirkung, deren Ursache in der Vergangenheit zu finden ist, auch eine Ursache in der Gegenwart aufweist.

Das bedeutet: Weiß ich, daß Krebs eine emotionale Krankheit ist, die eine ausschweifende Emotionalität in einem Vorleben als Ursache hat, dann finde ich auch im gegenwärtigen Leben ein Ungleichgewicht im Astralkörper.

Wer jedoch wegen Magen- und Solarplexusbeschwerden in die Praxis kommt, der findet die Ursache vorwiegend im gegenwärtigen unkontrollierten oder gestauten emotionalen Leben. Wir müssen demnach die primäre Ursache finden, um an die rechte Lösung heranzugehen. Liegt die primäre Ursache in der Gegenwart, dann kann das Leiden relativ leicht mit Hilfe innerer Umstellung des Patienten überwunden werden.

Zeigen sich zum Beispiel Beschwerden im Knie- oder Beinbereich, dann liegt oft eine mangelnde physische Verankerung dem Leiden zugrunde. Hier muß dem Patienten geholfen werden, seinen Körper ganz anzunehmen und sich richtig zu inkarnieren. Kann der Heiler bewirken, daß der Patient ein positives Verhältnis zu seinem Körper bekommt, dann wird das Leiden bald behoben sein. Ich rate aber, die Heilung nicht zu leicht zu nehmen, denn bei diesen Patienten zeigt sich oft die Schwierigkeit, den rechten Bezug zum Körper zu bekommen. Der Heiler muß sich vergewissern, daß der Patient auch wirklich das Übel beseitigen will. Es ist oft schwer, den Patienten von der Notwendigkeit eines Gesinnungswechsels zu überzeugen, und auch wenn das geschehen ist, braucht es noch lange, bis er nicht wieder in alte Gewohnheiten zurückfällt.

Wenn der Heiler erkennen will, ob die primäre Ursache im gegenwärtigen Verhalten des Patienten zu suchen ist, dann muß er ihn gut beobachten, ihn von sich erzählen lassen und kann so seine Rückschlüsse ziehen.

Zu 4.

Kommen wir nun zu den Ursachen, die in der Zukunft zu finden sind. Die Zukunft strahlt in das gegenwärtige Leben hinein, und was wir morgen sein werden, das müssen wir heute vorbereiten. Um bestimmte Tugenden und Fähigkeiten zu entwickeln, braucht es eine lange Vorbereitung. Wer morgen kraftvoll im Raum stehen und zielsicher das gesteckte Ziel erreichen will, muß es heute lernen, mit allen Wachstumsschwierigkeiten und Prozessen. Wer Schwierigkeiten aus dem Wege geht, wird sie nie lernen zu meistern. Manche Lebensumstände und Krankheitserscheinungen sind oft das Ergebnis des Bemühens um eine neue Fähigkeit. So wie der junge Mensch in die Lehre gehen muß, um den erwählten Beruf einst ausüben zu können, so müssen auch wir in die geistige Lehre gehen, um unseren Platz einst auf höherer Ebene einnehmen zu können.

Wenn zum Beispiel ein Zentrum zur Entwicklung ansteht, dann unterliegt dieses besonderen Belastungen, damit es stark und durchlässig wird. Nur unter dem Druck der Äußerlichkeit kommt der innere Reifungsprozeß in Gang. Wenn wir ein Haus bauen, wird erst Unordnung das Gelände beherrschen; ist es fertiggestellt, dann ist alle Disharmonie der neuen Harmonie gewichen.

Erkennt der Heiler, daß bestimmte Bereiche des Patienten unter einer extremen Spannung stehen, besonders chronische Leiden sind hier zu beachten, dann muß er versu-

chen, ihm zu helfen, diesen Bereich durchlässig zu machen.
Ein Beispiel wird es verdeutlichen:
Ein Patient kommt mit ständigen Halsbeschwerden in die
Praxis. Der Heiler findet das Sakral-Zentrum relativ ausge-
glichen. Es gilt nun herauszufinden, woher diese Spannung
kommt. Fest steht, daß hier zuviel Energie einfließt, die
nicht weitergeleitet werden kann: es entsteht eine Stauung.
Der zu starke Energiefluß kann zwei Gründe haben:

1. Das Ausdrucks-Zentrum wird nur mangelhaft benutzt;
   es liegt vielleicht eine Hemmung vor, sich über das
   Hals-Zentrum auszudrücken.

2. Der zu starke Energiefluß kann darin seine Ursache haben, daß dieses Zentrum zur Entwicklung ansteht. In
   diesem Fall muß der Heiler versuchen, ausgleichend zu
   wirken, eventuell die Energien kurzfristig über das Sakral-Zentrum abzuleiten, um dann dem Patienten zu
   helfen, das Hals-Zentrum zu stärkerer Aktivität zu
   bringen. Die einfließende Energie muß durch Tätigkeit
   dieses Zentrums ausgestrahlt werden. Der Patient muß
   zu einer Aktivität angeregt werden, in die er die über-
   schüssigen Energien einfließen lassen kann. Ist es eine
   Frau, die zum Beispiel ständig zu Hause ist, so kann ihr
   eine Arbeit helfen, in der sie sprechen oder schreiben
   muß. Auch andere Aktionen können hilfreich sein. Dadurch wird das Zentrum durchlässiger, die Energiebahnen gestärkt, und die einfließende Energie findet einen
   harmonischen Ausfluß. Vielleicht soll auch einmal eine
   Aufgabe in Form von Gruppentätigkeit übernommen
   werden, wozu ein starkes Hals-Zentrum notwendig ist.
   Die übermäßig stark einfließende Energie zeigt es an.
   Jede neue Fähigkeit, die erworben werden muß, bringt
   ihre Schwierigkeiten mit sich.

11. Brief

Lieber Strebender!

Unsere Schulungsbriefreihe neigt sich langsam dem Ende zu, und die verbleibenden Seiten sollen vorwiegend dazu dienen, das bisher Aufgenommene zu vertiefen, um an jene Essenz heranzukommen, die dem Heiler intensiveren Zugang zur Heilsphäre ermöglicht. Auch ist es ratsam, Gott immer wieder um die Verbindung zu entsprechenden Heilwesen zu bitten, denn bei allem Wissen ist der Heiler nichts, wenn ihm nicht die innere Unterstützung zuteil wird.

Immer wieder muß der Heiler versuchen, das Wesen aller äußeren Erscheinungen zu erkennen, um wahre Heilung zu bewirken. So bauen auch die vielen Heilungsmethoden aufeinander auf, und das Erkennungsvermögen des Heilers entscheidet, welche Methode zur Anwendung kommt. Wenn wir in diesem Brief auf die Seele als wahren Heiler eingehen, so gibt uns das die Möglichkeit, mit noch höheren Kräften zu arbeiten. Das erfordert vom Heiler, Kontakt zu seiner Seele aufnehmen zu können. Je mehr sich der Heiler um wahren Dienst bemüht und je mehr er die allesumfassende Liebe Gottes durch sich verwirklicht, desto mehr wird er Zugang zu seiner Seele finden. Lange Zeit wird die Seele nur verstärkt ihre Energien in die Persönlichkeit lenken, ohne daß ein bewußter Kontakt von Seiten des Heilers möglich ist. Er wird meinen, daß ein jenseitiges Wesen durch ihn wirkt, ohne sich darüber klar zu sein, daß es seine eigene Seele ist, die ihren Einfluß geltend macht. Je mehr sich aber der Heiler um Seelenkontakt bemüht, desto mehr wird es die Seele sein, die ihn zu sich heranzieht. Sobald dieser Kontakt bewußt hergestellt werden kann, wird sich die Kraft des Heilers um ein Vielfaches verstärken. Er wird dann nicht mehr nur von seiner begrenzten Persönlichkeit aus die Ursachen und Lösungsmöglichkeiten der Krankheit erkennen, sondern wahrnehmen können, daß jeder Mensch eingebettet ist in ein Meer von Energien und Kräften. Das Maß der Fähigkeit, im Austausch mit dem Ganzen zu bleiben, bestimmt über Gesundheit und Krankheit des einzelnen. Es geht nicht darum, grenzenlos im unendlichen Meer des Ganzen zu schwimmen, sondern an seinem Platz einen Brennpunkt zu bilden, durch den die Energien und Kräfte ungehindert fließen können. Nur wenn man die durchfließenden Energien und Kräfte festhält oder sich grenzenlos ihrem Auf und Ab hingibt, kommt der Mensch aus seinem inneren Gleichgewicht und wird entweder in einen abgekapselten, starren Zustand verfallen oder machtlos im Meer der Zeit dahintreiben. Aus dem, wie sich ein Mensch dem anderen gegenüber äußert und zeigt, kann man erkennen, ob er mehr zur einen oder zur anderen Seite neigt. Die innere, oft nicht wahrgenommene Suche nach Ausgleich bringt die Krankheit hervor. In Harmonie mit dem Ganzen zu sein heißt, frei und offen aber dennoch zielgerichtet die Kräfte nach dem Gesetz der Harmonie fließen zu lassen.

Mentale oder esoterische Heilung

Die Seele als wahrer Heiler

Wir kommen nun zu einer Heilmethode, die nur wenigen Heilern möglich ist. Sich der Seele als wahrem Heiler anzuvertrauen, stellt die höchste Heilmethode dar und ist das Ziel, das jeder Heiler anstreben sollte. Licht, Liebe und Selbstlosigkeit sind die Grundqualitäten der Seele. Je mehr der Heiler diese Qualitäten zum Ausdruck bringt, desto mehr kann er die Seelenenergien als Heilkraft herbeirufen. Die Seele ist der wahre Heiler und innere Meister eines jeden Menschen. Der Heiler beginnt zuerst mit seiner eigenen Seelenenergie zu arbeiten, bis er schließlich fähig wird, die Seelenenergie des Patienten in die erkrankte Form hereinzurufen, die dann die Heilung bewirkt.

Zuerst kommt das Licht,
dann die Auseinandersetzung mit dem Licht
und dann die Integration des Lichtes.

Ohne Licht gibt es kein Erkennen des Schattens, und wenn wir nach Vollkommenheit streben, dann erkennen wir auch die Maßstäbe, mit denen wir unseren jetzigen Stand messen können. Das Streben nach Vollkommenheit ruft Licht in die Persönlichkeit hinein, und wenn das Licht auf einen Widerstand trifft, dann entsteht Schatten. Oft wird die Persönlichkeit als Ganzes, als Schatten der Seele bezeichnet. Lenkt die Seele ihr Licht in die Formbereiche, dann bilden sich in ihnen, entsprechend dem Seelenlicht, Schatten. Ist das Seelenlicht stark, und kennt sich die Seele in den Gesetzen der Formwelten aus, dann entsteht eine

211

lichte Persönlichkeit, die der Seele genügend Durchlaß bietet. Vor uns steht dann ein erleuchteter Mensch, der kaum noch Schatten in der äußeren Welt hervorruft. Hat die Seele erst wenige Inkarnationen hinter sich, so ist der Schatten, den sie in die äußere Welt wirft, noch relativ dunkel, und der Mensch offenbart dann nur wenig vom Glanz seiner Seele. Je mehr Seelenlicht der Mensch in seine Form hineinruft, desto mehr zeigt sich ihm seine eigene schattenhafte Natur, die es dann zu durchlichten gilt. Jeder Strebende kennt die Schwierigkeiten, die am Anfang eines geistigen Weges auftreten, bis er sie überwunden hat. Diese Schwierigkeiten sind das Resultat des verstärkt einfließenden Seelenlichtes. Jetzt, da der Jünger nach geistigem Fortschritt strebt, werden ihm seine Unreinheiten bewußt. Das geistige Vorwärtsschreiten ist ein Prozeß der Bewußtwerdung dessen, was immer schon gegenwärtig war. Das wird oft zu wenig bedacht. Wir nehmen immer noch an, daß wir uns etwas erwerben müssen, eine Tugend, eine Fähigkeit, oder die göttliche Gegenwart. In Wirklichkeit ist alles schon vorhanden, nur bewußtseinsmäßig noch nicht genügend erfaßt. Mit dieser Tatsache hat der Heiler bei seinen Bemühungen zu rechnen. Er kann sich aber auch die Tatsache dieses Gesetzes zunutze machen, daß das Gute stets das Böse aus der Form austreibt. Das Gute muß im Menschen gestärkt werden, und der Heiler muß sich fragen, was hinter einer Krankheit als Gutes zur Offenbarung drängt.

„Das Gute treibt stets das Böse aus der Form in Raum und Zeit." Gutes will sich offenbaren, Böses verhindert es. Das ist der Weg, den jeder Mensch geht, und das ist zugleich auch der Kampf, in dem jeder steht. Krankheit ist, so wie sie sich im physischen Körper zeigt, nur die äußere

Schale, die äußere Auswirkung eines inneren Kampfes. Das Böse muß dem Guten weichen, und wenn der Heiler seine Seele zum wahren Heiler macht, dann muß er damit rechnen, daß er den Kampf noch verstärkt und damit auch das äußere Erscheinungsbild der Krankheit. Je mehr das Böse versucht, seinen Platz zu behaupten, desto akuter und bedrohlicher ist der Verlauf der Krankheit.

Der Heiler muß abwägen, ob der Patient genügend Willenskraft aufbringen kann, um siegreich aus dem Kampf hervorzugehen, oder ob ein verstärktes Hereinrufen von Seelenlicht die Kräfte des Kranken übersteigt. Das ist das erste, was der Heiler bedenken und entscheiden muß, wenn er mit seiner Seele als Heiler arbeiten will. Licht kann verbrennen und Licht kann heilen!

Der Patient darf dem Übel nicht widerstehen, sondern sollte sich Seite an Seite mit seiner Seele stellen, damit dem Übel die Tür gewiesen werden kann. Wir haben in einem anderen Gesetz gesagt, daß der Heiler die Augen des Patienten nach oben auf seine Seele richten soll. Wird das in ausreichendem Maße erreicht, dann heilt die Seele, und das Leben in der Form geht weiter.

Um dem Patienten Seelenenergien von der Seele des Heilers zu übertragen, muß der Heiler fähig sein, seine Seele und nichts als seine Seele wirken zu lassen. Der Heiler hat dann nur die Aufgabe, die entsprechenden Verbindungen herzustellen. Diese Verbindungen sehen wie folgt aus:

1. Der Heiler konzentriert sich auf seine eigene Seele.
2. Er sucht Verbindung zur Seele des Patienten aufzunehmen.
3. Er läßt die Seelenenergien entlang der drei Energiebahnen (Lebens-, Bewußtseins- und Manifestationsfaden)

bis in seinen Ätherkörper fließen. Weder der Mental-noch der Astralbereich dürfen auf die Seelenenergien reagieren.

4. Dann entscheidet der Heiler, welches der drei Zentren, in denen die Bahnen verankert sind, zur Übertragung geeignet ist. Das Zentrum richtet sich nach dem Sitz der Krankheit. Ist die Ursache der Krankheit im Herz-bzw. Solarplexus-Bereich zu finden oder im Astralkör-per des Patienten, dann wird das Herz-Zentrum als Übermittler von Seelenenergien verwendet.

5. Steht das übermittelnde Zentrum fest, dann konzen-triert der Heiler sich auf das gleiche Zentrum beim Pa-tienten und auf den Ort der Krankheit.

Eine weitere Übertragung ist möglich:
1. Der Heiler konzentriert sich wieder auf die Seele.
2. Ebenfalls wird eine Verbindung zur Seele des Patienten aufgenommen.
3. Nun versucht der Heiler, die Seele des Patienten anzure-gen, in ihre Persönlichkeit verstärkt Energien einzu-strahlen.
4. Der Heiler visualisiert den Verlauf der Seelenenergien im Patienten bis an den Ort der Krankheit. Die Persön-lichkeit des Heilers muß dabei in einem Zustand der Ruhe gehalten werden.

Beide Übertragungsmöglichkeiten können bei jeder Krankheit angewandt werden. Es hängt von der Fähigkeit des Heilers ab, welchen Weg er wählt. Verstärkt wird der Übertragungsvorgang, wenn der Patient aktiv mitarbeiten kann. Auf diese Weise lernt der Patient, sich im Laufe der Zeit selbst zu heilen.

214

Um die Seelenenergien als Heilenergien anzunehmen und sich auswirken zu lassen, ist es erforderlich, daß der Patient die Haltung der Harmlosigkeit übt. Wenn sich das Gemüt in ständiger Unruhe befindet, dann werden die Seelenenergien zu viele Reibungspunkte vorfinden, und der krankhafte, unausgeglichene Zustand kann sich noch verstärken. Eine tiefe, innere Ruhe, ein Stehen zu sich selbst und das Bemühen um göttliche Erkenntnis und Erfüllung der Aufgabe geben dem Patienten die erforderliche Voraussetzung, um seine Seele als wahren Heiler tätig werden zu lassen.

Geistige Übungen

Da wir uns mit der Seele als wahrem Heiler befaßt haben, solltest Du nun bemüht sein, einen verstärkten Kontakt zur Seele aufzunehmen. Laß alles hinter Dir, was Deiner Seele nicht entspricht, übe die Haltung des Loslassens, denn sie wird Dir die Möglichkeit geben, die Schwelle zu Deiner Seele zu erreichen. Auf dieser Schwelle muß alles Persönliche schweigen. Kein Gedanke, kein Gefühl darf die heilige Ruhe auf der Schwelle stören. Erwarte auf der Schwelle keine großartigen Erlebnisse, sondern lerne Dich erst auf dieser Ebene zwischen Licht und Schatten zu halten. Wenn Deine Persönlichkeit zum Schweigen gekommen ist, wenn nichts Dich wieder in die niederen Ebenen herabzieht, dann stelle dir vor:

Du bist die Seele. Laß das Licht der Seele von Dir Besitz ergreifen, laß aber keinen Gedanken und kein Gefühl mitschwingen, sondern verharre weiterhin im Zustand der Ruhe. Wenn Du wahrnimmst, daß Du das Licht wirst, dann versuche vorsichtig Kontakt zur Seele eines Dir nahe-stehenden Menschen aufzunehmen. Auch jetzt muß Deine Persönlichkeit schweigen. Suche den Kontakt zur Seele des anderen, und laß Dich von ihr berühren.

Du kannst eine weitere Übung durchführen:
Wenn Du einen Menschen kennst, der ebenfalls den gei-stigen Weg geht, dann setzt Euch einmal gegenüber und führt eine Augenkontaktübung durch. Seht Euch ruhig und entspannt in die Augen, und versucht über die Augen Kontakt zur Seele des anderen aufzunehmen. Laß Dich von Bildern, die auftauchen können, nicht ablenken. Auch wenn sich das Gesicht des Partners verändert, bleibe Du weiter auf seine Seele konzentriert. Auch Gefühle und Ge-danken sollten Dich nicht von Deinem Ziel abbringen. Die Übung kann fünfzehn bis zwanzig Minuten durchgeführt werden. Am Anfang können die Augen etwas tränen, sie müssen sich erst an die ungewohnte Anstrengung gewöh-nen. Bleibe jedoch während der ganzen Übung in Dir; lehne Dich bewußtseinsmäßig an Deine Wirbelsäule an. Es kostet oft viel Übung, um der Seele des anderen zu begeg-nen, und beide Partner müssen dazu eine innere Bereit-schaft zeigen. Oft müssen am Anfang erst innere Wider-stände überwunden werden. Es ist aber ein schönes Erle-ben, wenn man auf diese Weise der Seele des anderen be-gegnen darf.

12. Brief

Lieber Strebender!

Mit diesem Brief endet diese Schulungsreihe. Vielleicht bist Du mit ihnen ein Stück auf dem Weg vorangekommen und hast einen tieferen Einblick in die geistige Heilung gewonnen. Es ist ratsam, diese Briefe immer wieder zur Hand zu nehmen; denn mit zunehmender geistiger Reife ist es möglich, mehr aus dem Dargelegten zu entnehmen. Die Briefe stellen an den angehenden Heiler einen hohen Anspruch, dem der einzelne sicher nicht immer gerecht werden kann. So sind sie dazu gedacht, nicht nur durchgelesen zu werden, sondern als Arbeitsgrundlage zu dienen. Je mehr der Heiler praktiziert, desto mehr Bedeutung können die einzelnen Briefe für ihn bekommen. Er sollte bei all seinen Erfolgen stets der Lernende bleiben.

Jeder Heiler wird im Laufe der Zeit seine spezielle Heilmethode entwickeln, die seinem eigenen Wesen entspricht. Trotzdem wird man herausfinden, daß sie sich an die eine oder andere geschilderte Heilmethode anlehnt. Alle Energien werden durch das spezielle Wesen des Heilers geprägt. Darum muß der Heiler versuchen herauszufinden, in welchem Bereich menschlicher Schwierigkeiten seine Energie am besten ansetzt. Auch die Patienten, die angezogen werden, richten sich nach der Wesensart der Energie des Heilers. Es ist nicht erforderlich, viele Methoden zu praktizieren, sondern in einer Methode sich richtig zu vervollkommnen. Neben einer geistigen Heilmethode sollte jeder

Heiler auch in einer physischen Heilmethode bewandert sein, um beim Patienten an mehreren Stellen ansetzen zu können. Wenn auch die geistige Heilung eine tiefgreifende Wirkung hat, sollten die orthodoxen Methoden nicht abgewertet werden. Denn sollte einmal schnelle Hilfe erforderlich sein, so kann auch eine physische Methode das Mittel der Wahl sein. Darum ist es erforderlich, daß der geistige Heiler über mehrere Möglichkeiten der Hilfe verfügt. Das heißt nicht, daß man alle denkbaren Methoden der Heilung beherrschen muß, was ohnehin nicht möglich ist.

Wie schon einmal erwähnt, ist der Heiler zugleich auch ein geistiger Lehrer für seine Patienten, und er sollte auch diese Aufgabe ernstnehmen, um wahre und umfassende Hilfe anbieten zu können. Man kann einem Menschen immer nur die Hilfe anbieten; annehmen und damit arbeiten ist dann Sache eines jeden einzelnen selbst. Wir sollten aber auch dort zurücktreten können, wo die Hilfe nicht in rechter Weise angenommen wird; sei es, weil der Patient sich zu stark an der Krankheit festhält oder weil karmische Gründe es verhindern. Es fällt dem Heiler oft schwer, einen Patienten, der die Hilfe nicht in rechter Weise annehmen kann, zu entlassen. Wir sollten uns aber jene Freiheit bewahren, immer wieder neu zu entscheiden, ob man mit einem Patienten arbeiten möchte oder nicht. Es hilft den Kranken oft mehr, wenn sie auch einmal vom Heiler zurückgewiesen werden. Das ist besser, als auch jene halten zu wollen, bei denen man spürt, daß sie gar nicht vorwärts kommen wollen. Auch die finanzielle Situation sollte so geregelt werden, daß man nicht auf jeden einzelnen Patienten angewiesen ist. Man schafft sich damit mehr Freiheit, das zu tun, was man im Augenblick für den Patienten für das Beste hält. Das zeigt dann auch, ob ich in einer Abhän-

218

gigkeit zu meinem Wirken stehe oder nicht. Wenn ich unter einem inneren Zwang stehe zu heilen, dann kann sich daraus keine schöpferische Arbeit gestalten. Wir müssen immer bereit sein zur Wandlung, denn das Leben selbst ist stetige Wandlung.

Wir wollen an dieser Stelle noch ein wichtiges Thema anschneiden, um dem Heiler eine weitere Möglichkeit zu zeigen, erkennen zu können, was der Kranke auf seinem Weg benötigt und zu welchen Disharmonien er neigt. Viele Heiler haben erkannt, daß das Persönlichkeits-Horoskop eine gute Hilfe ist, Krankheitsdispositionen zu erkennen. In ihm sind die Anlagen wie Keime aufgezeigt, und es deutet an, zu welchen Krankheiten der Mensch neigt. Das heißt aber nicht, daß der Mensch im gegenwärtigen Leben die eine oder andere Krankheit unbedingt bekommen muß. Das Horoskop macht nur geneigt! Nicht nur die Krankheit selbst kann man in ihren Ansätzen im Horoskop erkennen, sondern sowohl die charakterlichen Mängel als auch die positiven Anlagen sind angedeutet. Wenn sich der Heiler auch als geistiger Lehrer versteht, dann findet er im Horoskop auch das, was der Patient im gegenwärtigen Leben zu entwickeln hat. Selbst berufliche Anlagen lassen sich im Horoskop gut erkennen. Es kann ein Wegweiser sein, ist aber nicht bindend für jeden einzelnen Schritt. Das sollte immer bedacht werden. Vieles richtet sich in der Deutung auch danach, welchen inneren Entwicklungsstand der einzelne erreicht hat. Gewisse Konstellationen führen auf den verschiedenen Entwicklungsstufen zu unterschiedlichen Aussagen.

Die Vorgänge beim Tod

„Der Heiler dient dem Leben, nicht der Form..." Alles muß der Heiler tun, um die Form so in Harmonie zu bringen, daß das Leben weiterhin in der Form verweilen kann. Sieht er sich aber der Tatsache gegenüber, daß das Leben dem inneren Ruf nach Befreiung folgt, dann muß er dem entweichenden Leben helfen, die Form in rechter Weise zu verlassen. Der Heiler arbeitet gegen das Gesetz des Lebens, wollte er den gebundenen und nach Befreiung strebenden Geist länger als es das Gesetz verlangt in der Form festhalten. Um aber dem Patienten zu helfen, seine physische Hülle zu verlassen, ist es erforderlich, daß der Heiler weiß, wie der Todesprozeß verläuft.

Wir wissen, daß der Tod nicht das Ende der Existenz bedeutet, sondern daß er nur einen Übergang darstellt in eine andere Ebene göttlichen Seins. Von der einen Seite aus sehen wir, daß das Leben auf einer Ebene des Seins beendet wird. Auf der anderen Seite, jenseits des Todes, sieht man, daß ein Wesen auf dieser Ebene erwacht und damit für diese Ebene sich die Geburt vollzieht. Geburt und Tod hängen eng zusammen; ja sie stellen zwei Seiten eines einzigen Vorgangs dar. Wir dürfen bei dieser Betrachtung nicht vergessen, daß das Phänomen des Todes sich auf jeder Ebene vollzieht, ob das Leben in eine Form eintaucht oder sich aus ihr zurückzieht. In Wahrheit ist der Tod etwas ganz natürliches, das sich tagtäglich um uns herum und in uns vollzieht. Grund für die Angst und die Verdrängung des Todes ist, daß man sein Wesen noch zu wenig erfaßt hat. Man spricht vom Tod, wenn entweder das Leben in eine Form eintaucht und damit sich der Prozeß der Verdunkelung vollzieht, oder wenn das gebundene Leben sich wieder aus der Form zurückzieht. Das gleiche können wir über die Geburt sagen, nur daß hier jeweils die andere Seite des Vorgangs „Tod" beleuchtet wird. Wenn ein Wesen in die Form eintaucht, verliert es sein Bewußtsein für die Ebene, auf der es sich gerade aufgehalten hat; und wenn das gleiche Wesen nach einer Zeit der Einkerkerung wieder die Form verläßt, dann erwacht es zu größerer Bewußtheit.

Es gibt größere und kleinere Sterbeprozesse. Die kleineren bemerken wir oft im Leben gar nicht. Wenn wir schlafen, ziehen wir uns für eine gewisse Zeit aus der Form zurück, um mehr oder weniger bewußt ein Dasein auf einer anderen Ebene zu führen. Wir sterben somit für eine Ebene und erwachen in einer anderen. Der Unterschied zu dem eigentlichen physischen Tod besteht darin, daß ein Teil des Lebens in der Form verbleibt, um die Form weiterhin zusammenzuhalten, damit das befreite Leben jederzeit wieder in die Form eintauchen kann. Wie oft sind wir geistesabwesend, hängen unseren Gedanken und inneren Träumen nach, ohne unsere Umwelt bewußt wahrzunehmen. Auch hier verlassen wir kurzfristig die begrenzende Form, um in einem anderen Bereich unseres Seins aktiv zu sein.

Kommen wir aber wieder zu dem zurück, was wir normalerweise unter dem Tod verstehen:

Die Furcht vor dem Tod ist die Furcht vor dem Ungewissen, vor der Endgültigkeit, mit der er an uns herantritt. Wir schmieden Pläne, haben uns eine Umgebung geschaffen, die uns nun vertraut ist, wir haben Menschen, mit denen wir mehr oder weniger gut auskommen, und plötzlich wird dieser Vertrautheit ein jähes Ende gesetzt. Man verliert liebe Menschen, seine gewohnte Umgebung, sein Hab und Gut und wird in das Meer des Ungewissen geworfen. Ist es da verwunderlich, daß der Mensch die Auseinandersetzung mit dem Tod hinausschiebt und Angst verspürt vor dem, was dann kommen mag?

Was vollzieht sich nun am Totenbett?

Es gibt drei Stellen im Körper, von denen aus die endgültige Zurückziehung erfolgen kann:

1. Bei Eingeweihten und Jüngern verläßt die Seele den Körper endgültig am Kopf.
2. Bei Aspiranten und Menschen, die versucht haben, ein positives Leben zu führen, ist das Herz die letzte Austrittspforte der Seele.
3. Bei sehr emotional polarisierten und noch unentwickelten Menschen stellt der Solarplexus das Zentrum dar, aus dem die Seele den Körper verläßt.

Auch beim Einschlafen werden diese drei Austrittstore von dem inneren Menschen je nach seinem Entwicklungsgrad benutzt.

Zeigen wir nun einmal kurz auf, was die esoterische Lehre uns über den Sterbevorgang berichtet:

1. Die Seele ruft das gebundene Leben aus der Form zurück. Der Blutstrom, das Nervensystem und das endokrine Drüsensystem reagieren darauf. Die Nadis im Ätherkörper bereiten sich auf die Zurückziehung vor. Die Drüsen spritzen in den Blutstrom eine Substanz ein, die als „todbringend" bezeichnet wird und die Hauptursache für das Koma und den Verlust des Bewußtseins ist. Darauf tritt das physische Zittern ein, das die Lockerung und den Bruch des Zusammenhanges der Nadis mit dem Nervensystem zur Folge hat. Der

Ätherkörper löst sich damit von der Verbindung zum physischen Körper; er durchdringt aber noch die physische Hülle.

2. Jetzt tritt im Prozeß eine Phase ein, damit die Lockerung sich so schmerzlos wie möglich vollziehen kann. Die Lockerung der Nadis beginnt in den Augen. In diesem Stadium sollte Frieden und die Bereitschaft zu gehen den Sterbenden und seine Umgebung erfüllen. Loslassen ist hier das Gebot der Stunde. Die Energien werden gesammelt und der endgültige Rückzug vorbereitet.

3. Langsam zieht sich der Ätherkörper aus den Extremitäten zurück, und die Energien sammeln und verdichten sich am Ausgangstor. Durch diesen Rückziehungsprozeß verlieren die Organe, Zellen und Atome ihren Zusammenhalt, und es macht sich eine weitere magnetische Kraft bemerkbar. Die Materie wird in das große materielle Sammelbecken durch die magnetische Kraft des Erdgeistes zurückgezogen. Diesem Sammelbecken involutionären und materiellen Lebens wird die Substanz aller Formen zurückgegeben. Der Mensch gibt dem Kaiser das, was des Kaisers ist und kehrt zurück zu seinem Vater im Himmel. Bei entwickelten Menschen zieht sich das Bewußtsein mehr und mehr in die inneren Welten zurück.

4. Wiederum folgt eine Pause. Hängt der Mensch noch sehr am materiellen Dasein, dann wird er in dieser Phase alles versuchen, um das Leben in der Form aufrechtzuerhalten. Damit wird der Sterbeprozeß verlängert. Es tritt eine Zeit des Wartens ein. Der Ätherkörper wartet auf den endgültigen Zug der Seele, um ganz aus dem Körper auszutreten.

5. Der Ätherkörper tritt aus dem physischen Körper her-

aus. Er verläßt langsam durch eine der Austrittspforten den physischen Körper und nimmt danach wieder die Gestalt des physischen Körpers an. Äther-, Astral- und Mentalkörper können bei Menschen, die einen starken Hang zum materiellen Dasein haben, noch längere Zeit eine Einheit bilden. Hier tritt uns das ganze Problem der erdgebundenen Wesen entgegen.

6. Der Ätherkörper zerteilt und zerstreut sich allmählich. Auch die ätherische Energie oder Substanz fließt in ein großes Sammelbecken zurück. Dieser Prozeß wird auch als der Prozeß der Rückerstattung bezeichnet. Allmählich verliert sich das Interesse am materiellen Leben ganz. Hat sich das Bewußtsein aus dem Ätherkörper vollständig zurückgezogen und damit auch der Astral- und Mentalkörper, dann tritt wieder eine Ruhepause ein, die wir den Anpassungsschlaf nennen. Dieser richtet sich zeitlich gesehen ganz nach dem geistigen Entwicklungsstand des Menschen. Fortgeschrittene Menschen vollziehen jede Phase des Todes bewußt und sind auch nach dem Verlassen der physischen und ätherischen Hülle sofort wach auf ihrer neuen Ebene des Seins.

Während dieses ganzen Sterbeprozesses bleibt der Mensch er selbst. Er verliert nur eine Hülle des Ausdrucks, um mit den ihm verbleibenden Hüllen im gleichen Bewußtseinsniveau auf einer anderen Ebene des Seins seine Entwicklung fortzusetzen. Alle physischen Krankheiten und Gebrechen fallen von ihm ab, es sei denn, er verweilt noch eine Zeit in seinem Ätherkörper im erdnahen Bereich. Aber auch dieser kann unversehrt sein. Oft bleibt dem Menschen nur das Gefühl für seine Krankheit oder sein Gebrechen, was ihn daran hindert, seinen Ätherkörper voll zu benutzen. Hier bewahrheitet sich wieder – für den Betreffenden sehr offensichtlich – daß der Mensch das ist, was er denkt.

Das Geschehen unmittelbar nach dem Tod.

Erst wenn man den Tod als einen heiligen Prozeß, ja vielleicht sogar als eine Einweihung betrachten kann, wird man mehr Aufschluß über den Tod und das, was danach kommt, erhalten, und damit dem Sterbenden bei seinem wichtigen Schritt besser helfen können.

1. Nach dem Verlassen der physisch-ätherischen Hülle gewinnt der Mensch eine große Klarheit über sich selbst. Es ist wie ein Erwachen.
2. Zeit, in unserem Begriff, existiert nicht mehr: der Tag-Nacht-Rhythmus fehlt. Für kurze Zeit läuft wie in einem Film sein ganzes vergangenes Erdenleben vor ihm ab. Dieser Film wird ausgelöst durch Impulse der Seele.
3. Es treten nun drei Erlebnisse besonders stark ins Bewußtsein, die die bestimmenden Faktoren in dem abgelaufenen Leben waren und den Schlüssel für die nächste Inkarnation darstellen. Alles andere tritt in das Vergessen ein.

   Die drei Hauptfaktoren stellen den Samen für die Zukunft dar.

   Der erste Keim ist bestimmend für die physische Umwelt der nächsten Inkarnation.

   Der zweite Keim bestimmt die Beschaffenheit der ätherischen Hülle, die entscheidend ist für die zur Auswirkung kommenden Energien und Kräfte.

   Der dritte Keim stellt den Ursprung für den Astralkörper dar.

4. Nach der Aussonderung seiner Lebenserfahrungen kommt der Verstorbene mit dem Bereich im Astralen in Kontakt, zu dem er seiner Entwicklung entsprechend gehört. Er trifft Verwandte und Freunde wieder, die vor ihm den physischen Bereich verlassen haben. Er trifft auch jene wieder, mit denen er in Haß und Streit auseinandergegangen ist. Hat er viele Belastungen auf sich genommen, dann macht er eine Zeit der Läuterung durch, bis er zu jenen gelangen kann, mit denen er in Liebe verbunden ist. Die Kirche nennt den Ort der Läuterung „Fegefeuer".

5. Die Zeit des Verweilens auf der Astralebene richtet sich ganz nach der Intensität seines astralen Lebens auf dem physischen Plan. Langsam lassen die Lebenskräfte auf dieser Ebene nach, und der Mensch stirbt auch einen astralen Tod. Dieser vollzieht sich nicht so dramatisch wie der physische Tod. Er verliert mehr und mehr seine Ausdrucksmöglichkeit für den astralen Plan und erwacht zunehmend für den mentalen.

6. Auf der Mentalebene ist der Mensch ebenfalls er selbst, wie auf der physischen Ebene. Seine mentalen Qualitäten sind die gleichen. Er wird von der mentalen Unterebene angezogen, auf die sein Mentalkörper am meisten reagiert. Die Zeit des Verweilens auf dieser Ebene richtet sich ebenfalls nach seiner mentalen Betätigung auf der Erde.

7. Nun folgt die Zurückziehung in den Bereich der göttlichen Seele. Hat die Seele eine wesentliche Rolle im physischen Leben gespielt und hat ein bewußter Kontakt zu ihr stattgefunden, dann wird der Mensch auch das Eintauchen in diesen Bereich göttlichen Seins bewußt erleben und der Seele das bewußt überbringen, was an Er-

fahrung in der abgelaufenen Inkarnation gewonnen wurde. Der Zeitraum des bewußten Seins in der Seelenebene richtet sich wiederum nach dem Maß des Kontaktes in der physischen Existenz. Ein Mensch, der keinen Kontakt zur Seele auf der Erde gewonnen hat, durchlebt diese Phase der Rückziehung unbewußt.

8. Nun folgt die letzte Rückziehung in die Ebene des Geistes. Kaum ein Mensch wird diesen Prozeß bewußt erleben, dennoch erfolgt die Rückziehung bis zu dieser Ebene göttlichen Seins. Es ist das Pralaya (die kosmische Nacht) im Leben einer geistigen Wesenheit, von dem aus die neue Ausatmung, das erneute Eintauchen in die Welten bewußten Seins erfolgt. Ruhe, ewige Ruhe herrscht auf dieser Ebene – dem Tiefschlaf ähnlich.

9. Die Keime der nächsten Inkarnation rufen den schlafenden Geist, der sich anschickt, erneut die Kräfte zu sammeln, die ihm ein Eintauchen in die nächste Inkarnation erlauben. Es beginnt eine Zeit der Aktivität; ein neues Manvantara (der kosmische Tag) geht am Horizont göttlichen Seins für eine Wesenheit auf. Der geistige Reifegrad bei Beendigung der letzten Inkarnation bestimmt das neue Leben in der Form. Gewonnene Erfahrungen stellen das Erbe aus vergangenen Inkarnationen dar, die man als Anlagen, Fähigkeiten und Belastungen in ein neues Erdenleben mitbringt.

Ich-bin-der-ich-bin

Du bist auf Erden gegangen, um jenen,
die im Dunkeln wandeln, das Licht zu bringen.

Du bist auf Erden gegangen, um jenen, die im Irrtum leben,
die Wahrheit zu lehren.

Du bist auf Erden gegangen, um dich als
„Ich-bin-der-ich-bin" zu erkennen.

Du bist auf Erden gegangen,
um als Gott in Gott einzugehen.

Du bist auf Erden gegangen, um dich zu erlösen,
damit sich die Menschheit in dir erlösen kann.

Lebe, handle und denke nach diesem deinem Auftrag.

Ich-bin-der-ich-bin

Dora Kunz

Die verborgenen Quellen der Heilung

Ähnlich wie in der Physik am Anfang des 20. Jahrhunderts, bahnt sich in der Medizin seit einigen Jahren ein revolutionierender Umdenkungsprozeß an. Das Menschenbild einer materialistischen Epoche wandelt sich, um einer ganzheitlichen (holographischen) Anschauung Raum zu geben. Der Patient wird in seiner in sich verwobenen Dreiheit von Körper, Seele und Geist gewürdigt.

Vor dem Hintergrund dieses Paradigmenwechsels vollzieht sich die kreative Entfaltung neuer Diagnose- und Therapiemöglichkeiten. Bisher „verborgene Quellen" beginnen zu sprudeln, setzen vielfältige neue Heilungsströme frei. Der besondere Wert dieses wegweisenden Sachbuches besteht in seiner Vielfalt. Es zeigt dem einzelnen Wege zur Selbstheilung auf und gibt dem Therapeuten eine Fülle an Indikatoren in die Hand, die ihm eine erfolgreiche Behandlung, zum Heil des Patienten, ermöglichen.

Von herausragender Bedeutung ist eine detaillierte Analyse des Phänomens „Depression" aus esoterischer Sicht, wobei sowohl die innerseelischen Faktoren wie auch die Einflüsse der Umwelt (Energiefelder) analysiert und präzise Anweisungen zur Heilung gegeben werden.

Die Autorin und Herausgeberin, selbst seit Kindheit mit innerer Wahrnehmung begabt, erstellt erstmals ein vollständiges Mosaik eines neuen „Heilungskosmos", der das medizinische Weltbild bis ins nächste Jahrtausend bestimmen wird. Das mit großer Sorgfalt zusammengestellte Werk von Dora Kunz dürfte die „neuen Heilweisen" auf dem derzeit höchstmöglichen Niveau präsentieren.

ISBN 3-922936-62-8

Liselotte Baertz

Wege zum inneren Meister

Die Zeichen der Zeit stehen auf Veränderung und Neube-ginn. Immer mehr Menschen richten ihr Leben an spirituel-len Werten aus. Die Zahl der Suchenden, die sich auf den Pfad begeben, wächst ständig.

Das große Interesse an geistiger Nahrung rief eine Fülle von Lehrern auf den Plan – Berufene und Unberufene. So kann es leicht zu Täuschungen kommen, werden Irrlichter für das Licht des EINEN gehalten. In dieser Seelenprüfung bedarf der geistig Strebende der inneren Führung, der wei-sen Leitung durch den „inneren Meister".

Liselotte Baertz nimmt im vorliegenden Buch den Leser an die Hand, um ihn mit ihr den Pfad zur Einweihung, zur Weihe nach Innen, beschreiten zu lassen. Stufe um Stufe führt der Weg aus den Niederungen des Alltagsbewußtseins zu den lichten Höhen des Kosmischen Christus.

Der Leser lernt die ewigen Gesetze kennen, die für den Pfad der Einweihung gelten. Er erfährt, wie er sich aus sei-ner begrenzten Persönlichkeit zur Herrlichkeit seines höhe-ren Selbst zu erheben vermag; um jenem einen Ziel entge-genzuschwingen, von dem alle Heiligen und Erleuchteten Zeugnis ablegten.

Doch der Pfad ist nicht ohne Gefahren und glücklich jene, die die Stimme des „inneren Meisters" vernehmen, um si-cher geleitet zum LICHT zu gelangen.

Das Werk von Liselotte Baertz, durch dessen Zeilen der Geist Meister Eckharts weht, wird allen Suchenden ein Licht in der Finsternis sein, ein untrüglicher Wegweiser zum ewigen Ziel.

ISBN 3-922936-07-5

Liselotte Baertz

Öffnung nach Innen
Die Urius-Botschaften

In den Phasen der Zeitenwende, wenn der Evolutionsweg der
Menschheit eine höhere Ebene zu berühren beginnt, kommen
die Boten aus lichten Reichen, um ihren Erdengeschwistern zu
helfen, eine neue Stufe des Bewußtseins zu erklimmen. Ihre Begegnungen mit einem dieser Boten, der sich Urius nannte, schil-
dert Liselotte Baertz in ihrem Buch.

Nach Jahren des Suchens und der Versenkung öffnete sich
ihre Seele nach innen und berührte das Bewußtsein eines der
„Großen im Geiste", eines Botschafters der Weißen Bruder-
schaft. Über viele Jahre hinweg lehrte und führte er eine kleine
Gruppe von Menschen, um ihnen die Gesetzmäßigkeiten eines
Lebens im Einklang mit dem GEIST zu zeigen.

Die Zeit ist gekommen, um diese „inneren Lehren" in die
Welt zu senden. Urius offenbart ein tiefes, esoterisches Wissen,
das im vorliegenden Band speziell die Themen Heilung, Karma,
Meditation und Charakterschulung behandelt. Seine Botschaften gehören zum Tiefsinnigsten, das zu diesen Bereichen der suchenden Menschheit bisher geschenkt wurde.

Eine Lichtbotschaft aus kosmischer Weite, die Inspiration
und Erkenntnis, Segen und Verheißung schenkt.

ISBN 3-922936-88-1